——原水文化——
您的健康，原水把關

圖解 生活自立支援 照護指南

財團法人臺灣省私立永信社會福利基金會
執行長 趙明明 總策劃

發展部主任 **葉建鑫**・
社工 **賴暖婷** & **賴俞綺** 合著

增訂版

CONTENTS| 目錄 |

第二章
啟動以人為本的照護

第三章
生活自立支援照護技巧

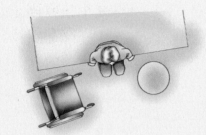

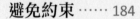

第四章
生活自立支援成功案例分享

— **陳時中** 前衛生福利部部長 —

以復能照護理念，
建立服務體系

　　近年來許多長照服務單位開始推動自立支援照顧服務模式，以「不約束、不尿布、不臥床」為目標，協助老人提升自主生活能力與品質，減輕照顧負擔。翻轉過往以服務提供便利性為主之照顧模式，改以提升老人自主生活能力為目標，並朝向具個別性及本土性的照顧服務模式發展。為提升失能者照顧品質，政府長照十年計畫 2.0 亦著重於向前延伸提供預防失能及減緩失能等預防性服務，與自立支援照顧服務理念一致，強調以復能照顧理念來建立從支持家庭、居家、社區到住宿式照顧之多元連續服務之普及照顧服務體系。

本書是永信基金會接受「震旦集團—傳善獎」獎助，與 31 家機構執行生活自立 3 年的經驗分享，並有李光廷博士、蔡娟秀副教授、柯宏勳職能治療師等 15 位專家學者擔任其機構輔導委員，使本書深具專業說服力。為引導讀者快速入門，本書並搭配大量的圖文及照片，使本書淺顯易懂，易於操作，俾利有興趣者落實自力生活照顧理念。

　　欣見本書出版，諒必帶給從居家、社區到機構之失能者與其照顧者更多實際幫助。相信透過本書可提醒照顧機構及照顧者重視以人為本的照顧，鼓勵其以同理心翻轉照顧文化，使長照需求者獲得更有尊嚴之照顧品質。

—**李光廷** 輔仁大學跨專業長期照護碩士學位學程兼任副教授—

讓自立支援照護成為日常

「廢用症候群（disuse syndrome）」又稱「不動症候群」或「生活不活潑病」，主要因為生病（如中風）或意外傷害（如骨折）而導致長期不必要的安靜臥床、缺少活動的生活，以致於身體機能大幅降低。光是持續臥床 1 周，下肢肌肉便降低 10~15%，臥床 2 周，下肢肌肉更降低 20%，而且容易情緒低落，精神機能也明顯降低。

廢用症候群的進展速度很快，尤其是因老化而引起的機能退化、意欲降低、關在家裡什麼也不做、日復一日地孤獨過日子。這樣的長者其身心狀態惡化速度特別顯著。

長輩們之所以變成長期臥床或需照護狀態，大部分原因和「廢用症候群」有關。過去的照護方式，多半以「肢體障礙與認知障礙者本人什麼也不會做、不需要做」

為出發點，認為由他人來照護這些人日常生活中的移動、排泄、用餐等行為比較有效率，於是形成以下「惡習」：

- 長輩沒辦法自己上廁所，乾脆給他包上尿布、定時更換好了；
- 長輩沒辦法自由移動，乾脆讓他在房裡（或床上），幫他梳洗、更衣、洗澡好了；
- 長輩沒辦法好好吃飯，乾脆用湯匙餵食或插管灌食，想辦法補充營養好了。……

就這樣，長輩的生活圈子小了、接觸對象少了、生活樂趣沒了、人格尊嚴丟了，沒有興奮、沒有期待，如此境遇在機構裡比比皆是。仔細想想，這樣的人生，還有什麼價值意義呢？相信有一天自己老了，你我都不願意遭受同樣的待遇。

導入「自立支援照護」的目的，在於提高自立性理論的支持與照護。即使本人的日常生活行為無法完全自立，但透過適當的支援、照護與復健，盡可能實踐不包尿布、不約束在床上或輪椅上、不插管餵食、不插管導尿等

強迫性、約束性服務協助，使其回復原有的生活樣貌。

　　壞習慣容易養成，好習慣不容易建立，從壞習慣改成好習慣尤其不容易！「生活自立支援照護推動計畫」實施的 3 年過程中，第一年成果令人感到驚豔；第二年加入了推動自立支援照護計畫的新夥伴，表現亮眼且有活水注入的新鮮感；第三年更擴大規模，新加入的夥伴團體又再擴增，當進行成果發表時，既沒有第一年的驚豔、也沒有第二年的新鮮，反而覺得「稀鬆平常」。

　　這就對了！當好習慣養成，而且變成生活中理所當然的一部分時，就是「成功了一大半」，還有比這更好的註解嗎？真正的困難還在後面，那就是「持之以恆」！

　　有幸參加、分享此計畫的推動與實踐，雖不完美，但值得欣慰，未來的路還很長，以此共勉之。

— **黃惠璣** 馬偕醫學院長期照護研究所兼任副教授 —

足夠的人力是
專業照護的第一步

永信基金會將執行 3 年、輔導 31 家老人照護機構的自立支援照護之成果，整理成文，並搭配圖、照片，集結成冊出版，可作為住宿型機構或居家照護的指南，是取自於社會、用之於社會的最大反饋，更是一本值得推薦輔助教學的工具書。

本書第一章點出台灣長照機構服務之現況，工作人員照顧長輩時以確保長輩安全為首要任務，而執行一連串的不當照護措施。例如長輩無法咀嚼吞嚥、不願意進食，就留置鼻胃管；為維持長輩生命，要確保鼻胃管不被拔除，就習慣執行約束；然而這種照護文化，亟需轉變。

第二章則強調以人為本的照護，指出許多照護機構不是人力不足，而是能力不足，因此書中教導工作人員如何協助住民運動、攝取水分、進食，達到無約束、無尿布的目標。

　　第三章則鉅細靡遺的描述執行生活自立支援的照顧技巧；例如住民由躺到坐、坐到站，其中需要使用的動力、關節、肌力的活動，再搭配環境和輔具等，讓照護變得輕鬆、有成效。其中「重塑照顧文化——不當照顧體驗營」，描述了體驗課程的設計理念及體驗內容，讓讀者身歷其境，進而啟動照護意識的轉變。

　　第四章則有成功案例分享，詳實記錄了被照護者的進步與改變。

　　本人著墨在長期照護領域已有很長的時間，我的研究聚焦在預防老年人跌倒、減少機構住民使用身體約束、住民下肢肌力的訓練、照護品質、老年人的口腔照護及預防或延緩咀嚼、吞嚥困難等連續性研究。研究結果推

廣到實務界時，卻聽到機構的照顧服務員表示：「有理想但很難執行」，護理人員表示：「無人力可以執行」，機構的老闆則表示：「學者都是出一張嘴，讓我們被家屬告『照護不周造成意外傷害』」。尤其是退休後到機構指導照護技巧時，經常被長照臨床人員嫌煩、囉嗦、要求太多、太嚴格了，而不願意改變自己照護的意識及習慣。

自從參加了永信基金會的活動，本人每一個半月和基金會社工暖婷走訪機構，教導他們如何落實口腔照護等，發現機構工作人員都有心改變，卻往往礙於人力短缺而窒礙難行。因此在此也要提醒所有的機構主管，補足機構原來需要的人力，是改善照護品質的第一步，足夠的人力、專業的技巧，才能讓台灣的長照環境得到改善。

— **蔡娟秀** 慈濟大學護理系副教授 —

自立支援機構伴行

　　入住機構是很多人老後最不得已的選項，因為看到了照顧機構宛如醫院之延伸，機構以安全為由，令長者不得自主，以保護為名，致使長者無法自立。然而，這樣的窘境正在改變中。

　　很高興看到永信將 3 年來陪伴台灣照護機構執行自立支援的心得，忠實地記錄下來，也將翻轉照護理念的辛苦與驚喜，完整的呈現給所有對於尊嚴照顧有興趣的讀者。而能夠接受永信的邀請，協助機構推動自力支援的照顧理念，對此我更感到有幸；這個陪伴的過程，是個精彩的旅程。

　　身為護理師，又在美國受了完整的老人照護訓練，對我而言，老人照護的原則就是採用美國護理學家奧瑞

姆（Dorothea Orem）所主張的「完全自我照顧、部分自我照顧與完全協助」的理論。永信基金會集結了護理師、社工師、職能治療師、物理治療師、語言治療師以及許多第一線執行長者照護的工作人員，一起來達成機構長者「可以自己來」的生活模式。這樣的陪伴，轉換了第一線工作人員的觀點，從長期以來認為長者「需要被照顧」的想法，慢慢轉成「需要給他自己做的機會」的立場。

記得在美國照顧長者時，這樣的立場是美國人習慣獨立自主的基本訴求，但是在台灣，卻是一大挑戰。在照顧場域中，如何讓長輩戒除「反正你應該幫我做」，轉成「我們一起做」，再進化成「我想要怎麼做」，這個過程中有許多的挑戰需要被克服。這本書清楚地呈現了自立支援推動的脈絡、挑戰與成果，竭誠推薦這一本書，希望有興趣的讀者，都可以按圖索驥，將自立支援理念放入長者的照顧之中，長輩的笑容將是推動的最大鼓舞。

— **雷若莉** 弘光科技大學護理學院護理系副教授兼系主任 —

路遙知馬力

　　從 2012 開始風起雲湧的「台灣生活自立支援運動」，一直缺乏台灣本土較完整的執行操作手冊，直到這本書的出版。

　　本書是永信社會福利基金會，接受「震旦集團—傳善獎」獎助執行生活自立支援 3 年的經驗分享紀錄，這 3 年，我有幸接受趙明明執行長邀請成為輔導團隊的一員，從計畫的初始到最後圓滿完成，得以見證永信執行團隊如何在這些年間整合台灣與日本產官學各界專家的能量，以大甲永信松柏園為實驗基地，與業界夥伴及台灣 31 家的優質老人福利機構，共同改善機構常見的不當照顧。

　　本書內涵豐富，深入淺出，文字流暢易讀。執行團隊為了讓讀者能快速的入門，也搭配大量圖片及照片

加以說明，除了整理機構可快速運用的照顧重點、精神及技巧外，更分享團隊辦理的「不當照顧體驗營」的SOP，實務包含4大生活自立支援照顧基本需求的落實，例如：環境營造及輔具、飲食及烹飪技巧、如何擺脫約束、臥床、尿布等。這是一本不藏私的「生活自立支援私房武功祕笈」，也是永信基金會生活自立支援執行團隊3年來的執行 Know How 精華，對於有志執行生活自立支援的長照機構、社區長照單位及人才培育中心，一定要把握。

再次給震旦集團傳善獎及永信基金會按個讚，路遙知馬力，在台灣推動生活自立支援的歷史中，永信團隊絕對是不可忽略的重要一章。

— **陳翰裕** 弘光科技大學物理治療系教授兼系主任 —

長輩的笑容是
長照繼續努力的動力

　　長照機構過去給人的印象是擁擠的空間、瀰漫排泄物的臭味，長輩被約束在床上無法動彈，眼神中盡是看不見希望的空洞。因此，大多數失能長輩或其家屬都不願意進住；然而居家又無法給予適當密切的照顧，造成長輩與照顧家屬身心俱疲，也產生諸多社會問題。

　　近 3 年來，有幸接受永信社會福利基金會邀請，參與生活自立支援照顧計畫，也見證這股翻轉傳統照顧模式之新思維的感人成果。從開始的照顧者被約束體驗、實際進場輔導、實務技術的增能研討至最後的成果案例分享，團隊在整個過程中無不絞盡腦汁思考，如何讓機構裡的長輩能夠自主，並具有自立生活的能力。

因為物理治療的服務對象過去大多在醫療界，這次很高興可以和護理師、社工、照服員及其他專業人員群策群力，研擬每一位長輩專屬的復能計畫。

　　本書運用照片與圖片，描繪了大家在這 3 年中努力的軌跡，非常適合有志照顧服務的同好來閱讀。因為你會發現，長輩會心的一抹笑容，絕對是我們為長照服務繼續打拼的動力。

— **徐明仿** 中臺科技大學長期照顧碩士學位學程助理教授 —

對照護價值觀的自省與覺察

感謝這 3 年來所有參與推動生活自立支援照顧模式的長照夥伴們。

感謝永信基金會團隊的邀請，讓我有幸成為成員之一，與各位長照界先進一起學習與成長。

挑戰新的照顧模式，是一件極需勇氣與毅力的事。對內，需要爭取整個長照團隊夥伴的認同，對外，則需要被照護者家屬的理解以及被照護者本人的接納、參與和支持。整個過程需要反覆的進行溝通與達成共識；可想而知，是一件多麼費心的事。

推動生活自立支援照顧模式的過程，相信對所有參與成員而言，是自省與覺察自我照顧價值觀的第一步。

同時，也引導整個長照團隊開始思考：是否有其他更符合人性化的照顧模式。這個過程，相信能引領我們朝照顧服務品質提升之路邁進，也能協助個案過著更有品質以及有尊嚴的老年生活。

— **蕭麗美** 永信松柏園老人養護中心主任 —

跨專業團隊的整合照護

　　平均餘命逐年增長，高齡化、少子化社會來臨，家中有一老，真的是寶嗎？當長者不幸失能，往後活得越久，生活只會備受折磨，子女身心負擔也越形沉重！如何降低長者失能與社會負擔，是重要的目標。

　　因此，台灣的「生活自立支援」於 2015 年萌芽了！本人有幸參與永信社會福利基金會因獲「震旦集團—傳善獎」獎助執行「生活自立支援」方案 3 年，我既是輔導委員，也是單位的執行者，深刻感受照顧模式真的翻轉了！包括：

- **服務觀念的轉變：**工作人員從忿怒、哀怨，轉變為以人為本、放慢節奏，懂得等待長者、適時協助。
- **長者的改變：**生活範圍由「點」至「面」，增加了

與社會的互動。

- **定期的運動導入**：改善了機構氛圍。
- **機構提供友善的環境**：改善空間設置，運用隨處可及的物品為輔具。
- **跨專業團隊的整合**：解決個案問題，改善其生活品質，增加工作人員成就感。

3 年來大家努力的點滴，均透過這本書，讓大家更了解如何解決長者生活自我照顧功能的實際問題，以利提升其生活品質，即使在需要他人照顧的狀態，也能讓失能者過自己想過的、快樂的生活，這才是「生活自立支援」的最高精神，長照界夥伴們大家一同努力吧！

推薦序
9

— **賴婉淑** 社團法人雲林縣八福長青關懷協會總幹事 —

讓機構生活
成為居家生活的延續

　　2014 年本人有機會參加日本長照機構新進職員的研修課程，課程內容包含約束、包尿布體驗，目的是要照顧者感同身受被約束、包尿布的不適感及沒有尊嚴，因為，照顧者若沒有同理心，就不可能改變傳統的約束及包尿布等照顧模式。

　　當一個人因為老化或失能而無法自立生活，可能必須入住到長照機構接受照護，機構的生活是居家生活的延續，如何讓被照顧者對機構有家的感覺，除了環境空間的布置舒適安全外，更重要的是尊嚴的對待。生活自立支援是一個兼具人性化及尊嚴的照顧服務模式，可以

協助被照顧者善用身體尚存的功能，發揮最佳的自我照顧能力。

　　長照機構初導入生活自立支援照顧時，都有相同的困惑，不約束怎麼照顧？坐輪椅的長者可以站起來走路嗎？有限的人力要如何做？這本《生活自立支援照護指南》，可以做為長照機構導入生活自立支援的指引。

　　感謝永信社會福利基金會透過教育訓練及機構輔導，3年來陪著全國的長照機構翻轉台灣的照顧文化，讓長者可以有尊嚴的終老。

— **柯宏勳** 延希工作室執行長 —
一場進行中的照護革命

緣起：照顧模式的翻轉啟動

首先要說，很榮幸收到永信基金會的邀請，3 年前開始參與了這次機構自立支援專案的專家輔導團！

個人從醫院離開後，隨即投入長照領域努力耕耘，從長照 1.0 還沒開始就參與，直到長照 2.0 啟動，終於等到整個台灣社會、政府，開始認知到照顧典範需要翻轉，從傳統的「醫療」、「照顧」，轉變成「生活參與」、「自立支援」的概念！

而輔導團的成員，也符合「跨專業」這個新政策趨勢。有幸能夠跟著長照各個領域專家，一起努力輔導願意參與這場翻轉的機構。

自立支援的落實是一場革命

　　其實生活自立支援，也許是新的名詞，但卻不是新的觀念。在長照相關各個專業，尤其是職能治療，自立支援早就是理論的核心哲理，只是需要整個社會的演進發展才被重視。

　　如何從過去傳統的「復健」，相對較重視肢體的訓練，更往「人」的方向走，重視個案的想法、日常生活的參與以及功能的發揮，就是目前長照新制「復能」的精神，這跟自立支援是息息相關的！

點點滴滴，也是機構的革命

　　自立支援的重點，並非僅僅是看得到的「方法」，例如飲水量增加、可以坐到站、或是減少尿布、臥床、約束而已，而是透過活動安排、日常生活活動的操作方式調整、輔具的應用，或是環境的改造，支援了個案開始參與生活、產生生活動機等改變的意義！

對機構來說，這也是一場革命！因此，至少就我個人這 3 年曾經輔導過的「雙連」和「聖嘉民」這兩所機構來說，在成果發表時，除了個案的成果之外，聽到的都是整個機構的照顧文化改變，從院長到第一線照服員，甚至家屬、志工，都動起來了。尤其第一線照服員，從以往只是單純照顧好個案，到能夠提出個案自立支援的需求，找到不同的照顧、鼓勵方式，出現了許多令人感動的故事。

延續生命、創造希望，革命尚未成功

　　此次專案，從各個專家的邀約、每一次的共識營、會議、國外專家的邀請，到每次輔導專員的跟訪支援，點點滴滴都看得到永信基金會的用心，才能有這麼棒的成果。

　　欲知成果如何，就從書裡面的內容開始細細品味吧！

— 吳艷玲 台南 YMCA 社福基金會主任 **—**

回歸照護的本質

　　人口老化、少子化，家庭結構改變，老人在家頤養天年的情形已越來越式微，國人平均壽命延長，老化需照護時間約 7 至 8 年，在這漫長的時間內如何提供適切的照顧服務更顯重要。

　　從事長期照顧服務實務近 20 年，照顧約 600 位長輩的經驗，常讓我覺得感嘆！失能是長輩離開家中來到機構重要的原因，家屬總認為唯有服侍好長輩才算盡孝，機構也覺得只要長輩安安靜靜的過每一天就可以了，於是長輩失能情況變得更嚴重，這是照顧出現了問題還是人本的觀念錯誤？

　　有一天我在機構內看到一位長輩用著扭曲攣縮的手，緩慢地舀起碗內的食物一口一口地努力往嘴裡送，

雖然送到嘴裡的食物可能只剩下一點點，但是在長輩臉上出現的滿足感和笑容深深觸動了我，我反問自己：照顧的本質是什麼？

2015 年參加永信基金會辦理的生活自立支援研討會讓我感動，我更加堅信了，不管年紀多大、失能程度如何，每一位長者都應該活得舒適、有尊嚴。我所在的機構參加了這項服務措施的推動，轉眼間已過了 3 年，3 年來我看到了長輩因為脫離尿布的喜悅，再一次邁開步伐自己行走的感動，透過自己的雙手舀起每一口食物的愉悅，每每都令我覺得這樣的訓練真是太重要了！

這些訓練絕不是一朝一夕，但卻是有法可循。永信基金會彙整了 3 年來由各領域專業組成的輔導團隊輔導台灣從北到南共 31 家機構的經驗，用豐富的圖文和案例說明，來引導讀者認識生活自立支援概念以及其介入方法與執行措施，是一本淺顯易懂又具實務操作指引的好書。書中闡述了如何將照顧四大基本需求落實於日常生活中、生活自立支援技巧的導入和實踐、缺乏同理的照

顧與錯誤照顧觀念的翻轉等主題，能讓初次導入的機構快速學習並導正觀念。藉由此書的發行，期盼有更多機構和長輩受惠，長輩更有尊嚴與自主地安養天年。

— **呂志忠** 永信松柏園老人養護中心組長 —

用心體會長輩的嚮往

　　有幸，與多家照護機構夥伴一同參與了自立支援方案的導入，從照顧技巧上著手，立基於長輩的內在需求，站在一個同理及協助的角色，3 年來的蛻化，可以說是一場照護革命的翻轉，讓照護回歸根本住民的想要，不僅期盼降低臥床、減少約束、移除尿布，更企求達成心靈的圓滿。愛愛院在自立支援的導入下，史無前例舉辦了大型活動「音樂遊行」、「運動大會」、「圓夢計畫」等，這樣的成果，是長輩與所有工作同仁所共同努力的成果。

　　愛愛院裡一位年輕的照服員，在與一個全天手拍約束的住民聊天中，發現其平生最大的嗜好與期望是能夠再抽上一支菸，阿公有鼻胃管、COPD、重度失智，抽菸是不可能的。照服員突發奇想的，用了身邊的擦手紙，捲起後在頭端塗了紅色的顏料，拿給了阿公，阿公當真

抽著這支「菸」，竟在這 1 小時中免除了約束之苦，還愉悅地回憶起當初那段年少風光！原來，降低約束不用花很多時間去訓練、不需要很多人力和金錢，只要用心去體會長輩的嚮往。

這本《生活自立支援照護指南》，從起始的端正照護技巧、環境營造等，進一步期許以人為本的發現，循序漸進的引導，更舉出實際的成功案例分享給讀者，足讓所有讀過這本書的夥伴們，能夠清楚而有方向的去協助長輩，並且內化同理住民的需要，而這就是自立支援最終的精神。

推薦序
13

— **劉懋** 長庚科技大學高齡暨健康照護管理系兼任講師 —

全面建立友善的照護觀念

　　人生中第一次推薦序，就獻給了永信社會福利基金會《生活自立支援照護指南》這本書，受邀寫序時，自己內心其實充滿著感動與感謝。

　　回憶起擔任生活自立支援委員已經來到 3 個年頭，從剛出社會的照顧服務人員，進展到獨自能夠到機構單位分享自立支援觀念導入、實務指導到成果發表，執行中看到每家單位在導入自立支援後，從機構建立起友善的照顧觀念，共同維護照護品質，也看到機構長輩們的生活能力提升，不論從生理、心理到社交層面皆有明顯改善。執行過程中也遇到不少挑戰，但透過橫向跨專業討論，在主管們的支持鼓勵下，終能化解單位內的大小問題。

由衷感謝永信社會福利基金會趙明明執行長、發展部葉建鑫主任，以及推動方案重要幕後人員賴暖婷、賴俞綺兩位社工，不藏私地將自立支援3年的經驗與成果，撰寫成操作手冊，期許未來照護意識改革就用這本書籍來翻轉，讓更多長輩更有尊嚴的自立生活。

— **趙明明** 財團法人臺灣省私立永信社會福利基金會執行長 —

長照路上結伴同行

自從 2006 年投入長輩照護的職場以來，我總是期許自己能做到「己所不欲，勿施於人」，所以當我思考任何照護措施是否合宜時，總會問一句：

「如果被照護的人是我，這是我想要的嗎？」

我經常和夥伴們分享我的想法，希望大家可以同向進步，而不是反向退步。

2014 年參加財團法人雲林縣私立同仁仁愛之家生活自立支援成果發表會時，我從中得到許多啟發，並從 2015 年開始，在台中市政府社會局的指導下開始推動「生活自立支援」模式，就這麼一路走來，愈做愈有動力。

我十分認同「生活自立支援」的概念且極力推行，深信應該鼓勵年長者，不要抱持「不能做」或「不要做」的態度，而是要「一起做，且慢慢做」。3年來，由不當照顧體驗工作坊、全國機構巡迴個別督導、生活自立支援團督會議、輔導委員共識營、照護意識改革的成果發表會，共串連31家機構，培育248位種子員（*註），一起努力提升長輩的照護品質，而長輩展現的笑容，就是我們繼續推行的最大動力。

2018年年底是執行「傳善獎」的Happy Ending，藉由出版此書，將推行過程中的經驗與心得和大家分享，希望長照路上大家一起結伴同行，安全、快樂又有尊嚴的老有所終！

---

*註：種子員是指經過3天2夜不當照顧體驗工作坊結訓的人員，這些人員的身分包含機構主管、照顧服務員、護理師、社工、職能及物理治療師等皆有。

— **葉建鑫** 財團法人臺灣省私立永信社會福利基金會發展部主任 —

從零至壹，
突破障礙才能徹底蛻變

本書是永信社福基金會執行生活自立支援 3 年來，從機構中的長輩、參與執行的機構、輔導委員、多位日本專家身上汲取到的寶貴經驗匯整後，轉換成文字的第一步。

在執行自立支援的過程中，最常聽到的失敗原因是「長輩不願意配合」，除了長期失能容易導致長輩感到灰心，長輩們也認為進住機構等同於脫離了家庭正常生活，因而對未來不再有期待。然而，重新激發長輩對於「過更好生活」的動機，相當有難度，加上每個人生活背景、喜好、家庭關係有很強的特殊性與差異性，因此很難只透過一本書來提供一套人人皆可遵循的規則。

然而，機構或照顧人員一定可以做的，就是改變照顧時的心態，轉換機構的氛圍，讓長輩感受到照顧人員對他們的愛與期待。所有人都喜歡被關愛，但是多數人又排斥與人有所不同，所以在機構最常見的狀況是，長輩明明可以走路，但是其他長輩都使用輪椅時，就算能走也不想走了；或是可以於椅子上臨桌用餐，但是其他長輩都坐輪椅臨桌用餐，要請長輩移位至椅子上時，就很容易被婉拒，只因為不想跟其他人有所不同。

就我的經驗，最關鍵的方法就是「找出長輩的夢想」，如長輩想要返家、想要外出旅遊、想要至餐廳吃飯；或者「協助長輩產生夢想」，例如他們從未做過，但是如果完成可以獲得他人認同的事，也許是參加樂隊且於大眾面前表演等，以這些夢想為目標，鼓勵他們朝此邁進。當長輩燃起動力時，對於生活自立支援的推動就會有很大的幫助。

從零至壹的轉變是辛苦的，推動生活自立支援的初期很容易產生挫折甚至瓶頸，唯有突破障礙才能徹底蛻

變，當這些轉變逐漸成為風氣時，就會如同順水推舟般的事半功倍了。

　　本書的重點是希望讀者可以站在長輩的立場，去思考：長輩被約束、使用尿布及長期臥床的原因為何？我們對長輩的照顧是否符合他們的想要？長輩吃混在一起的攪打餐，是他願意還是機構讓他沒有選擇？若長輩不願意吃攪打餐時，就只能留置鼻胃管嗎？長輩穿尿布或被約束時，可能產生哪些感覺？當長輩因此感到恐懼及驚慌而不願意喝水，所產生的惡性循環，該如何避免及改善？

　　鑑於此，我認為辦理不當照顧的體驗活動是有必要的，而且這樣的體驗需要用工作坊的模式，效果才會顯現。因此我們將這3年來辦理體驗活動的經驗進行整理，希望有興趣的照顧夥伴可以依照本書的說明自行辦理，以加速台灣生活自立支援的推動。

　　當工作人員願意站在同理長輩的角度來照顧長輩時，機構氛圍就開始翻轉了，如此一來才能算是真正啟

動生活自立支援。本書透過圖解及照片的方式，提供讀者基礎的輔具建議及照顧技巧等，可適用於不同的照顧場域。一般而言，如果長輩沒有特別的疾病或禁忌且有意願，均可以有效的透過本書提供的建議提升其生活能力，進而改善自己與照顧者的生活品質。

書中內容包括了，正確端坐姿的重要性，分解人體站立的步驟及重點，生活輔具的挑選，尿布與尿褲的差異，移除尿布的可能步驟，口腔照護及餐食製作，如何脫離臥床及避免約束等常見的策略。最後，我們挑選了5個經典案例，看看這些長輩如何重拾生命的動機與意義，以及他們努力向上的歷程，也希望讓讀者們體會「凡事皆有可能，只待我們去投入與付出」。

最後，要感謝震旦公益信託基金的傳善獎，讓永信有機會在全國推動生活自立支援；在翻轉台灣照護文化的過程中，除了要感謝基金會的夥伴外，還有臺灣師範大學的姜義村教授、吳晞瑗老師及柴惠敏老師，他們協助我們研發出 STS（Sit To Stand）套裝運動課程，並依據

機構帶領長輩的反饋，給予了我們很多個別化的引導技巧，也讓這套課程不僅僅在機構中推動，也有很多健康長輩在社區中使用。

這3年的期間，我們也向日本取經，學到了相當多的經驗，除了有嬌聯股份有限公司劉進芳經理及劉伯昭主任的大力支持外，優能福祉有限公司更是協助連結了多位優質講師，讓永信有機會進到日本養護中心中央廚房學習介護食，此重大的突破讓永信增長了見識與知能，因此於最後我想特別感謝伊東弘泰會長、張菁芬總經理及張瑜真業務代表這3年來的陪伴，沒有大家的陪伴與支持，我們是很難將本書完成的。

— **賴暖婷** 財團法人臺灣省私立永信社會福利基金會社工 —

透過自立支援，
回歸長輩想過的生活

　　在大學時期，我就對長照領域非常有興趣，2016 年進入永信基金會，即開始承接傳善獎方案，推動生活自立支援。「生活自立支援」是什麼？自立支援怎麼做？它是口號嗎？它真的可以提升長輩的生活品質嗎？我對它充滿疑惑。

　　「做中學」，是我在第一年辦理不當照護體驗工作坊當中，最佳的形容。不僅協助安排了概念課程、餵食、約束及尿布體驗，讓工作人員以同理心反思自己的照護行為，且教導翻身、移位、沐浴照護技巧，使得工作人員更能將概念轉為實務，實際運用在日後的工作上。

受訓後，為避免照護概念與實務操作的落差，我每月皆會陪同專業委員至照護機構拜訪，與機構人員一同解決導入困境；並且每年辦理成果發表會，提供舞台讓照護機構將一整年的「心酸血淚」透過個案研討方式呈現出來。

這些年來陪伴數 10 個單位推動生活自立支援，導入過程中發現長輩「生活的動機」是為成敗的主要關鍵，許多失敗案例皆是長輩認為「自己老了、沒有用了、做這些沒必要」，在機構就是「等吃、等睡、等死」。這些消極的想法著實讓第一線人員在推動時產生挫敗感。因此，如何找出長輩對生活的動機極為重要，且這些動力也將成為導入成功的因素之一。當動機有了、方法有了，生活自立支援就不是難事了。

本書是在全國 31 家機構執行生活自立支援 3 年，得到研究分析驗證有效後，所得出的珍貴心得分享。書名「生活自立支援」中的「生活」二字，代表的即是「生活照顧品質」、「生活即復健」、「過想過的生活」等

重點，比起只說「自立支援」，更多了一些人性。我們最大的理想是希望長輩可以為自己的生活做出選擇跟決定，最好可以透過自立支援回歸到社區或家庭過自己想要過的生活。所有的一切，都是以「生活」為主去進行介入！因此前段所說長輩的「生活動機」，就是我們在做自立支援需要去發現及努力的方向。

「改變社會不是一個人做很多，而是每個人都做一點點」，願所有投入長照領域的夥伴，繼續堅持下去，讓照護長輩成為最有價值的事！

—**賴俞綺** 永信松柏園老人養護中心社工 —

兼顧長輩生理及心理的機構照護

2017 年的春天，我第一次接觸到「生活立支援」的概念，當時正好參與了第一梯次的不當照顧體驗營，過程中看到學員們挖起黏糊糊的攪泥餐，用近乎殘忍的方式來對待彼此的夥伴，還有約束體驗時那瀰漫在空氣中令人窒息的寂靜、冷漠，及使用麵粉及色素調和出來的人工排泄物，加上溫熱茶水倒在一大包尿布中包在身上那令人坐立難安的悶熱感覺……這一切與我過去在學生實習中看到的照護狀況竟是如此相似！我終於明白，原來當初的彆扭感就是對於這些不當照顧的疑惑，原來那些工作中的方便快速，對於長輩本身感受竟是這麼不友善！

執行過程的第一步，須教導種子員們翻身移位、如廁訓練、吞嚥訓練等基礎照護技巧，再依據機構的需求來選擇不同專長的輔導委員，讓機構遇到問題可以即時

詢問，每隔固定時間就會和輔導委員一同到機構個別督導。我們會和機構一起去檢視長輩們的生活自立支援執行策略及目標，並請委員們依據自己個別不同的專長給予執行團隊建議、給予長輩鼓勵以及給予工作人員正向的讚美，培養團隊的自信心，聚焦共識。

套一句入住機構的阿嬤所說的話：「自立支援就是『伍哩伍哇』！」（台語，『有你有我』之意）。在生活自立支援介入時，除了發掘長輩的潛力、激發他們的意願，最重要的還是工作人員的堅持和陪伴。當原本的不當照顧被改善，常可以看到長輩無窮的進步潛力，將「尚存的能力」發揮到淋漓盡致。例如長輩在導入後，在 ADL 上或許僅能看到「進食」方面進步 5 分，可是一旦他把這 5 分發揮得淋漓盡致，不再使用鼻胃管，也不需要工作人員花時間餵食，當他能自己一口一口的由口進食，用笑容告訴你他要吃飯了，光是這件事就令人感到興奮與開心。

此外，工作人員需要用更多的耐心來關懷長輩、了解長輩需要什麼，例如藉由仔細觀察長輩姿勢、訓練端

坐、更換合適大小的餐具，只為了讓長輩好好用餐。我也曾看到一位醫護專業的物理治療師，原本僅以自身專業判斷長輩疾病的可逆及不可逆來做為導入依據，到最後他願意放下堅持，和照顧服務員們一起討論長輩平時生活需要的協助，以及向社工了解長輩的意願，進而形成一個跨專業的網絡來照護長輩。

照護的熱情需要一直被點燃，每一個零碎的時間都是發現長輩故事的最佳時機，朝夕相處的感情可以繼續昇華，彼此了解和體諒都也是從談話中得到的，如此一來，不只是基礎的生理照顧，連同彼此的心理都可以一起被重視。

台灣長期照護的
窘況與突破

以外籍監護工及
機構照護為主力

根據內政部統計處的統計，台灣每戶平均人口從 1946 年時每戶 6.09 人的高點急遽衰退，至 2022 年每戶人口僅餘 2.59 人。人口的減少意味著家庭結構小型化，照顧能力持續衰落。

以現今台灣的社會及經濟背景來說，如果家中有人失能需要長期照護，最常見的照護型態有：

1. 接受居家及社區照顧，但家庭中仍有人擔任主要照顧者
2. 聘僱外籍家庭監護工擔任主要照顧者
3. 安排接受住宿式機構服務

然而，接受居家及社區照顧的長輩，於夜間和假日仍有照顧需求，此時如果主要照顧者平時仍須外出工作以負擔家庭經濟，晚上和假日又得照顧失能長輩，長期下來，心力和體力皆會不堪負荷。隨著長輩照顧需求持續增加時，聘僱外籍家庭監護工及接受住宿式機構服務成為必要的選擇，也因為如此，目前台灣聘僱 22 萬外籍家庭監護工照顧失能長輩。然而部分家庭考量聘僱外籍監護工時，長輩可能會快速喪失社交空間，擔心長輩或許只能在公園度過每一個下午，因此部分家屬會將長輩送至住宿式機構，據統計，目前有超過 13 萬人接受住宿式機構服務。

　　2018 年起，政府推動「長照 2.0」及「長照給付及支付標準」，以住宿式機構品質有待提升為由，將住宿式機構排除在外，僅給予非營利型機構不足 1/4 的人事費用，聘僱家庭外籍監護工則僅能申請 30% 額度的醫事服務。然而，近年來經濟不見顯著成長，住宿式機構的收費受到政府嚴格管控，導致就算機構處於滿床階段，收入卻沒有辦法增加，反而是物價上升、人事成本隨著工

作年資成長、勞動條件的改變等，都造成機構支出增加，營運壓力逐年提高。當接受住宿式服務被排除給付對象時，仍要由家屬負擔大部分的照顧費用，機構僅能苦撐，以期未來住宿式機構可以納入給付。

社會大眾對於照顧服務員的認同本就不高，而政府在積極推動居家式服務的同時，明訂全職居家式照顧服務員平均月薪3萬2千元的標準，更是導致住宿式機構難以招募本籍照顧服務員的主因。而外籍照顧服務員除了來源穩定外，薪資僅須提供最低基本工資及加班費，使得多數住宿式機構不易招募本籍照服員，不足的照顧缺口，則以外籍照服員來補足。

外籍照服員還有兩大優勢，那就是：
1. 年紀較輕，體力較本籍照服員來得佳。
2. 大都居住於機構內或鄰近機構，所以輪值夜班的意願較高，可彌補本籍照服員不願意輪值夜班的窘境。

總結來說，對於機構管理者而言，聘僱外籍照服員有著來源穩定、薪資成本低、體力佳及願意輪值夜班等特性，於是成為住宿式機構的照顧主力。而部分機構因為收入一直無法提升，無法提供較佳的勞動條件給本籍照服員，因此本籍照服員較少參與夜間值班，或是只執行照顧負荷較低的工作。

　　外籍照服員雖然來源穩定，但仍會面臨返國期限的問題，因此於單一機構工作時間大都為 3 年、6 年或 9 年左右，對於被照護的長輩或是機構，較難產生認同感。因為照顧長輩對他們來說只是單純的工作，而非是認同照顧理念或是喜愛老人才投入照顧服務，所以較難於照顧時站在長輩的角度思考，也缺乏同理心的付出。較常出現的情況是所有的照顧行為在急促的狀態下進行，如換尿布、用餐、餵食、如廁、沐浴及移位等，或是為了讓自己的工作流程更為順暢，不願意先處理長輩認為較為急迫的工作（例如長輩解尿在尿布內了），而會要長輩等一下，等他們忙完後再協助處理。

在人力吃緊的情況下，機構為了避免產生照顧糾紛，因此照顧時會以確保長輩安全為主要目標，例如當長輩發生跌倒事件，就會給予約束，或是長輩在前一家機構有約束行為，換到下一家機構時，自然也會持續約束。

有時是為了避免長輩夜間起床如廁而跌倒，也容易採取藥物控制，讓長輩產生嗜睡的情況，長輩不起床自然不會跌倒，但是如此一來他們就變成了尿布依賴者。

這些都是因為機構經營管理者沒有好好去思考長輩跌倒的真實原因，只是一味的避免跌倒事件，導致長輩雖確保了安全，卻喪失了提升生活自立能力以及自我追求的動機。

不當照顧的產生

●●●●○○○○○○○○○○○○○●

　　在人力吃緊、照顧工作緊湊的情況下，確保安全、避免浪費時間、滿足照顧者需求，往往優先於長輩的需求。而常見的不當照顧，則包括約束、不當尿布及不當餵食。

1 約束

　　透過各類型約束帶，如腰部磁扣式、輪椅約束帶、乒乓球手套等，將長輩限制在輪椅或床上，不讓長輩自行起身或行動。或是，為了避免長輩自行拔除鼻胃管或尿管，或是持續用手部碰觸傷口，會使用手套將他們的手掌包起來，或將其手臂固定在床欄或輪椅扶手上，限制其行動自由。

磁扣式約束帶

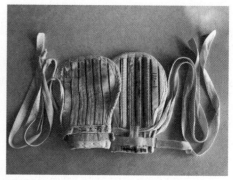

乒乓球手套

輪椅約束帶

● 輪椅約束

　　失能長輩經常需要乘坐輪椅，若沒有正確坐好，常會因為重力關係而逐漸往前、往下位移，因為長輩身體各方面肌力不足，無法再度自行坐正，因而發生自輪椅滑落的情形。

　　另外，某些失智症長輩因下肢無力而需要坐輪椅，但長輩有時會忘記自己已經無法自行走路，而不自覺地

自行從輪椅上站起來上廁所或拿東西，這時候就有可能發生跌倒。雖然長輩的動作很慢，但如果照護人員剛好因為忙於他務而無法隨時在旁守護時，往往防不勝防。家屬為了避免長輩受傷，通常會建議乾脆將長輩約束在輪椅上。

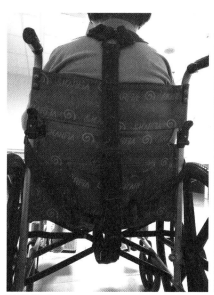
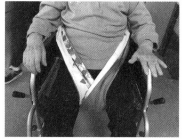
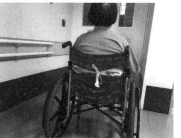

輪椅約束

● 全身約束

　　第二種是全身約束，這是最不舒服的方式。長輩之所以會被約束在床上，通常也是因為跌倒的關係，特別是失智長輩常會有睡眠混亂的情況，可能夜間睡到一半會突然起身下床，如果長輩站立及行走能力不佳時，就容易跌倒，因此在混合照顧的機構或居家中，常見失智長輩被約束在床上休息。

　　除了失智長輩的混亂行為外，另有一種情況是長輩在夜間有尿意感想要上廁所時，有可能因為怕工作人員太忙，因而不願意按呼叫鈴就自行起床上廁所，此時也有可能產生跌倒情況。當長輩持續發生類似情況時，約束就成了機構確保安全的手段。

全身約束

• 手部約束

最後一種約束，發生在安置鼻胃管的情形下。鼻胃管是延命治療下的產物，大多數長輩在接受照顧的過程因為營養不良，無法咀嚼、無法吞嚥、不願意進食等原因，被醫療單位給留置鼻胃管，而確保鼻胃管的「安全」，是維持長輩生命的基本條件。然而留置鼻胃管對長輩而言，在身心靈等方面都會造成嚴重傷害，特別是缺乏五感的刺激，甚至有可能造成腦部功能快速退化。而鼻胃管留置時會產生很大的異物感，長輩在認知功能退化的情況下，很容易想要將其拔除，此時約束這個照顧手段，又使用在長輩的身上了，作法是將長輩的手約束在床上或輪椅上，或是在他們的手掌戴上一個大手套，讓長輩無法碰觸鼻胃管。

手部約束

2 不當尿布

當長輩有尿失禁情況時，不管其失禁程度，照服員往往都會「鼓勵」長輩使用尿布，避免褲子髒掉，產生異味。或許有人會質疑說：更換褲子與更換尿布的工作內容差不多，所花的時間也差不多，兩者又有什麼區別？事實上，時機點差很多。如果長輩穿著褲子時，照服員須立即放下手邊的工作，協助長輩進行清潔，但是如果長輩穿著尿布時，往往容易聽到照服員向長輩說：「現在我很忙，你等一下喔！」此時長輩只能默默等待照服員撥空來協助清潔，全身也會開始感覺到不舒服。

長輩穿上尿布後，或許可以避免褲子髒汙，但是產生的不良副作用卻相當多，如穿上尿布較容易悶熱，特別是夏天時，容易產生尿布疹，另外長輩初期使用尿布時，會害怕尿布吸尿力不足而不敢喝水，在水分缺乏的情況下，就會缺乏尿意感，進而無法規律如廁，也更容易造成便秘。身體在缺乏水分的同時，意識會混亂，甚至身體容易脫水，最後導致身體功能快速退化。

3 不當餵食

在機構內最常見的用餐情境，是直接在輪椅上放一塊餐桌板，或是將輪椅當作椅子讓長輩在桌邊用餐。或許大部分的人會覺得讓失能長輩在輪椅上用餐是正常的，但是長輩之所以使用輪椅，主要是因為他無法行走，而非無法在椅子上用餐，輪椅屬於移動用的輔具，其坐墊會下陷，導致坐於其上的長輩須將重心往後靠在椅背上，以確保移動時的安全，如此一來長輩的姿勢自然就會呈現後仰狀態，這不但違反人體進食最舒服的姿勢，也增加長輩吞嚥困難度及嗆咳風險。

另外在協助長輩用餐的過程中，工作人員經常缺乏等待的耐心，因而催促長輩儘速吃完或吞下去，讓長輩心裡備感壓力。當確認長輩無意願再用餐時，工作人員則會快速的收拾餐具、整理環境，巨大的聲響及急促的動作，更會讓吃得較慢的長輩，感覺很有壓力，造成用餐的氣氛相當急促與沉重。

除了人員急促的氣氛外，另外就是工作人員針對食用攪打、絞碎或絞泥餐的長輩，常常會不自覺的將所有的飯菜攪拌在一起，以方便進行餵食，但如此一來會造成食物氣味混雜，讓長輩無法分辨食材的原味，進而感到食慾不佳。

食物放在一起，氣味混雜，影響長輩食慾

4 工作人員不經意的言語或行為

　　工作人員有一些不經意的行為，會使得照顧品質低落。舉例來說，使用尿布的長輩，最討厭遇到的情況，大概就是明明有尿意感，開口請照服員協助去廁所如廁時，照服員回覆說：「您有包尿布，尿下去就好了！」照服員說這句話時絕對是無心的，因為此時他可能有其

他工作要執行，如果中斷手上的工作去協助長輩如廁，返回時可能會花費更多的時間，因此才叫長輩直接解尿在尿布上。但這對長輩來說會造成很大的傷害，因為沒有人喜歡包尿布過生活，既然有尿意感，就要把握機會去廁所如廁。

此外，夜間工作人員仍需要執行部分照顧業務，包括翻身、拍背、抽痰或是換尿布等情事，但是台灣目前多採用多人房的照顧模式，當工作人員沒有注意到聲量或製造太多噪音，往往會導致同寢室的長輩睡眠品質不佳，進而使得長輩白天昏昏欲睡，缺乏活動力，容易產生惡性循環，造成整體機能的下降。

不管是夜間或日間，協助臥床長輩更換尿布，最常發生的狀況是，工作人員未告知長輩接下來的動作，直接將棉被掀起，接著將其褲子及尿褲脫掉，長輩此時的自尊完全被剝奪，使其更覺得生命毫無意義。

建立同理心，翻轉照護文化

「己所不欲，勿施於人」的道理大家都知道，但是於照顧過程中，卻常常疏忽遺忘，進而成為不當照顧的源頭，也塑造成快速與安全的照顧文化，員工是用缺乏「同理」長輩的心態來工作；可是，當我們可以同理長輩的不適或需求，並及時給予支持時，自然而然就能夠讓長輩生活得快樂及有意義，當長輩重新點燃起生命動力時，則是開始讓久未活動的身軀，重新再次活化的最佳時機點。

透過「生活即復健」的照顧理念，工作人員透過等待及適時地介入，讓長輩有更多生活自立的機會，讓他們再次重新做自己。所以建立同理心，轉變機構照顧文化，就是啟動長輩生活自立支援的開關。

有鑑於台灣目前的照護機構強調快速與安全的氛圍，透過讓工作人員體會長輩接受不當照顧的不適感，是轉變照顧文化最有效及快速的策略。當工作人員完成不當照護體驗，機構管理者取得工作人員的共識後，則應持續給予資源，並積極落實此一照顧理念，否則很可能於數月之後又打回原形了。

生活
自立支援
照護指南

第二章
CHAPTER 2

啟動以人為本
的照護

四大基本照護原則

日本國際醫療福祉大學研究所教授竹內孝仁，40 多年來致力於長期照護的研究與自立支援照護之推動，他提出四大基本照護原則：

水分每天 1500 毫升	每天至少排便 1 次	每天營養攝取 1500 大卡	每周運動3次，每次30分鐘

竹內教授表示，只要做到上述原則，就能改善長者自主生活力，生活品質將大大提升。

成年人體內有 60~70% 是水分，老人體內的水分比率則會低至 50% 左右，正因為體內水分較少，所以當水分攝取不足時，便很容易產生脫水症狀。舉例來說，一位

體重 50 公斤的長輩，身體約有水分 25 公斤，只要缺少250 毫升的水分，即缺少達 1%，即有很可能產生意識障礙，缺水達 10% 以上，即會發生脫水症。

水分攝取不足時，會產生相當多的症狀，初期會無精打采、食慾不振、尿量減少、便秘等，持續水分不足時就會開始昏昏沉沉，最後很容易產生認知障礙如瞻妄或幻覺等現象。

因此，補充充足水分可謂是啟動生活自立支援的第一步，因為水分充足了才會有精神，便秘的現象會改善，食慾會提升，此時也才有體力進行運動。

為何長輩不喝水、不運動、容易便秘及營養不良？

水分、營養、排便、運動這四大基本照護原則看似簡單，卻有很多機構無法執行。因為長輩在一開始住進機構時，往往缺乏了生活的意欲，工作人員也未積極的協助長輩進行改善。

首先是水分的攝取，當水分攝取不足時，最容易產生的問題是便秘。接下來，更難掌握長輩的尿意以進行如廁訓練（*註），特別是使用尿布的長輩，因為不想解尿至尿布中，更是不願意喝水，造成惡性循環。

另外會造成長輩不喝水的原因，不外乎機構只考量到成本或方便性，只提供「白開水」，未顧及長輩的喜好。

而若是運動不足，將造成身體肌力不足，特別是排便時需要運用腹部及直腸等力量，肌力不夠使得便秘的情況惡化。而當運動量不足身體水分蒸發變少，長輩攝取水分的意願也會降低。

　　當水分攝取不足且產生便秘情況時，長輩的食慾也會相對低下，因為肚子總是脹脹的，且因為口腔缺乏滋潤，導致味覺降低，更難提起食慾，此時就很容易造成營養不良。特別要提醒的是，患有心臟病及腎臟病的長者不宜攝取過多水分，每日飲水量請詢問專業人員。

　　四大基本照護原則看似如此簡單，但是彼此環環相扣，缺一不可。同時也要利用各種方式鼓勵長輩積極配合，才可能達到讓長輩生活自立、改善生活品質之目標。

---

*註：
- 如廁訓練的意義：每兩小時固定帶長輩上廁所。
- 在做如廁訓練前，會先進行尿失禁評估，評估分數在 25 分以下，即可進行訓練。
- 訓練過程中長輩有尿意感，但不能忍住，則由工作人員定時帶往如廁。

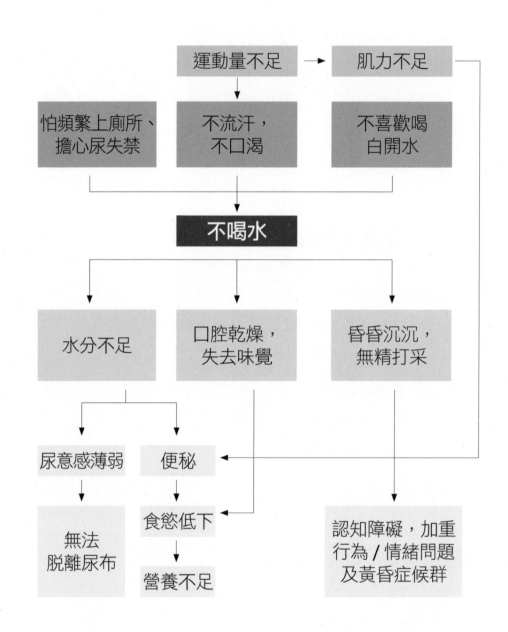

不當照顧體驗營，
啟動生活自立支援第一步

前文有述及，在機構中之所以產生約束、尿布及餵食等不當照護，往往是因為將安全、快速等考量置於長輩需求前面。然而良好的照護，不應以安全或快速為唯一目的，而是應透過「等待」，讓長輩有自己練習及發揮的機會，進而提升身體功能。

在機構中執行自立支援的重點是：

1. 讓被照顧者做他還能做的事；
2. 與被照顧者或其他工作人員一起討論他還能做到哪些事；
3. 協助被照顧者達成目標，過他想過的生活；
4. 從與被照顧者的溝通交流之中，找到他的興趣、想

法、目標，以提高他的生活品質。（林金立、余彥儒，2017）

這對台灣的照顧現場而言，似乎充滿著挑戰與不可能，主要還是第一線工作人員（包括主管、照顧服務員、護理人員、社工員或其他專業人員）對於照顧的時「習慣」，常常會有「自我感覺良好」的「理由」，如為了確保長輩安全、人手不足、長輩意願不高、家屬不願意等，而這些理由的背後常常是因為沒有從長輩的角度來檢視所有的照顧行為。

而透過「不當照顧體驗的工作坊」，可讓第一線的工作人員親身體驗被照顧者的感受，藉此檢視一直以來視為理所當然的照護行為，進而改變機構照顧文化，可謂是啟動生活自立支援的第一步。

不當照護體驗之
設計理念及流程

●●●●●●●●●●●●●●●●●●

　　永信社會福利基金會於 2015 年獲得震旦集團第一屆傳善獎，在欣喜與感謝之餘，決定利用這筆獎金加碼成 3 倍，自 2016 年起連續 3 年推動「生活自立支援計畫」。推動過程中，首先於同年 4 月 29 日、5 月 9 日及 6 月 13 日 3 次邀請時任財團法人雲林縣私立同仁仁愛之家賴婉淑主任、廖方啟副組長及弘光科技大學雷若莉副教授，至永信松柏園老人養護中心辦理全員參與的生活自立支援不當照顧體驗營；隨後於 5 月 16 至 19 日及 5 月 23 至 26 日 2 次邀請日本社會福祉法人小田原福祉會潤生園高齡者綜合福址設施的井口健一郎及神矢孝之主任，在雙連安養中心及松柏園老人養護中心舉行「生活自立支援工作坊」實地教學。

基金會實施的「生活自立支援計畫」不但結合雲林同仁仁愛之家及日本潤生園的工作坊內容，並且導入嬌聯股份有限公司的排泄體驗課程，讓參加受訓學員透過實際體驗，感受機構照護中以保護長輩安全或工作人員作業方便為由而產生的「約束虐待、包尿布及食用碎糜糊餐」等不適當對待與照顧，據此反饋於同理心，理解長輩的不安、恐懼與無助的心情，進而將習以為常的錯誤照顧文化翻轉為應有的樣貌。

一、約束體驗

　　約束為機構內常見的不當照顧措施，機構人員常常認為在有醫師醫囑及家屬同意下，給予長輩約束即可確保長輩安全，然而在限制長輩行動的同時，不僅剝奪其人身自由，更造成照顧者與被照顧者間的關係惡化，因此不輕易地給予約束，可謂是提升照護品質的首要策略。

　　約束體驗建議操作時間長達 4 小時，可安排在下午

1 至 5 時進行。該體驗需要較多的設備、場地及人力，最佳情況為一半人員約束在輪椅上，一半人員約束在醫療床上。如果輪椅或床鋪不足時，只好模擬躺在地板上約束肢體（效果較差）。學員最好穿著長袖耐磨衣褲，如牛仔布等。約束時主要需在體驗者的四肢黏貼透明膠帶以限制其行動，但是會依據約束情境不同而略作調整。

所有體驗者均使用眼罩，以便體驗視力不佳時痛苦不安的情境。另外，為了確保每位體驗者的體驗時間相同，建議可以使用自黏標籤貼紙，在約束完成後寫上時間黏貼在體驗者身上，如此可確保每位學員都有 3 小時以上的體驗。纏繞膠帶過程中，每約束完一個部位都得立即詢問對方是否約束得過緊或膠帶有無沾黏到皮膚，確保體驗者的舒適度。

至於餵飯及約束綁在輪椅上時使用眼罩，主要在模擬長輩視力不佳，而照顧現場的工作人員常常未事先告知長輩接下來的動作，也透過眼罩的使用加深未告知對待內容時的驚嚇感。另外拳頭握緊、手掌心交叉、手臂彎曲或

膝蓋彎曲等，在於強調長輩中風後可能有攣縮、關節張力過大的情況發生，如果工作人員未協助長輩做關節伸展，除了會悶熱產生異味，更會造成張力加大等惡性循環。其餘的約束在在強調限制體驗者的動作是多麼不應該、不恰當，而自己竟然天天在做、理所當然地在做。

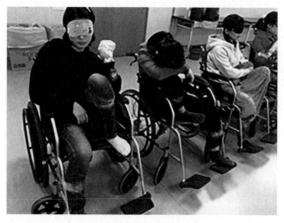

不當約束體驗

1 約束類型

• 輪椅約束

　　非慣用手的拳頭都要握住，然後套上長襪（50 公分以上）或蓋上毛巾，再用透明膠帶將拳頭纏緊，此時要避免體驗者的指甲嵌入肉中，否則容易造成強烈不適感而中斷體驗，手腕的部分也要避免纏繞。拳頭纏繞完畢後，將體驗者掌心向上後手臂彎曲並用膠帶纏緊上臂及前臂，建議膠帶位置約為前臂中間處，可避免因位置太低容易掙脫，或太高而導致壓迫過大。

　　請體驗者務必往後坐，讓背部靠到椅背，於非慣用手纏繞完畢後，請其將非慣用腳掌放置輪椅椅面上（呈現翹腳狀），然後用膠帶將大腿及小腿固定纏繞，完成後調整體驗者姿勢，讓其儘量舒適；接著請其慣用手放置於輪椅扶手上，用膠帶將手掌及前臂固定在扶手上，如果體驗者身材較為矮小，可以情況調整前臂角度，不需完全貼合扶手。最後則將慣用腳放置輪椅腳踏板上，並將小腿與腳踏管纏繞在一起並予以固定，始完成輪椅約束。

• 醫療床約束

　　讓體驗者呈現大字型或木字型的約束方式。準備枕頭讓體驗者躺在床上，雙手握拳套上長襪後，使用膠帶纏繞起來，同樣要注意避免纏繞到手腕處。接著將其雙手綁在兩側欄杆上，如果體驗者手臂長度允許，建議膠帶纏繞位置於手腕下方，綁在欄杆時要注意手腕及手肘彎曲角度，避免呈現不自然的姿勢；雙腳打開，分別纏繞在兩側欄杆上，或是將雙腳併攏，以膠帶纏繞住大腿及小腿。約束完成後，協助體驗者蓋上棉被。

• 地板約束

　　於地板上鋪上一層棉被及放置枕頭，請體驗者躺平後將其雙手舉高，雙手掌心交叉覆蓋上毛巾，然後用膠帶纏繞，同樣要避開手腕處；接著請體驗者雙腳併攏然後膝蓋彎曲，使用膠帶將大腿及小腿纏繞起來。約束完成後，協助體驗者蓋上棉被。

2 約束體驗流程

　　約束體驗不僅僅是體驗約束的不適感，同時可以透過體驗感受到其他的不當照顧對長輩所產生的影響，原則上可以區分為五個階段，分別為睡眠期、驚醒期、場域移動期、搔癢期及干擾期。

• 睡眠期（第 0~60 分鐘）

體驗內容　所有人員完成約束後，將燈光關閉、空調調整至舒適溫度，以不產生噪音為原則，讓體驗者進入熟睡狀態，時間約為 1 小時。期間工作人員要進行巡視，了解所有人員有無因約束過緊或姿勢不正確，而產生不適感等情況。切記此時所有動作或說話均要輕柔，避免影響到體驗者睡覺。依據經驗，部分體驗者會有打呼或是沉睡的情況。

設計理念　睡眠期為約束體驗相當重要的一環，因此設計在中午過後進行最有效果，透過讓體驗者入睡的過程，部分體驗者心情會放鬆而入睡，部分體驗者

雖然較為緊張而不易入睡，但是情緒會逐漸平穩。
體驗者情緒越平穩，於驚醒期的效果就越佳。

• 驚醒期（第 61~70 分鐘）

體驗內容

工作人員使用樂器或器具，製造出噪音將熟睡的體驗者吵醒，並提高室內照明亮度，且關閉空調等，營造出不舒適的環境。

設計理念

對於長期臥床或是使用尿布的長輩，工作人員夜間仍要執行照護工作，然而人員往往為了儘速完成工作，導致動作較為粗魯，容易產生聲響，而長輩的睡眠常常因此而中斷，甚至無法再次入睡，造成睡眠品質不佳，產生日夜顛倒的情況。一旦長輩白天感到昏昏沉沉，活動力將大幅下降，不管是進食、飲水或是運動量都相對不足，也更容易產生「廢用症候群」，形成另一個照顧惡性循環。

• 場域移動期（第 71~120 分鐘）

體驗
內容 在不告知體驗者，且確認眼罩確實戴好的前提下，推體驗者至各種場域，包括安靜的宗教室、廁所、戶外晒太陽、餐廳、洗衣房、樓梯間、寢室、倉庫或是浴室等空間。

每處空間停留時間約為 15 至 20 分鐘，此時工作人員可依照體驗者的精神狀態進行調整，如果該體驗者仍有睡意，可先安排至較為安靜的空間，讓其再次入睡後，再推至戶外或較為吵雜的空間；如果體驗者的情緒亢奮，則可安排至較為吵雜但不建議有其他體驗者的空間。

如果該訓練場域有舞台使用之小斜坡，在確保安全的前提下，讓每位體驗者均快速的被推上及推下斜坡。

設計
理念 在照顧現場，工作人員常常未徵詢長輩同意，或在未告知長輩的情況下，將長輩帶至某個環境，而該環境可能是長輩厭惡或拒絕的，抑或是該場域讓長輩產生不適感，但是工作人員卻未察覺到，

因此此一體驗強調長輩因無法自主移動，而產生不適、悶熱、孤獨及無人回應的感受。

冬天時讓長輩晒太陽固然是件好事，但是常常會發生長輩在戶外期間缺少互動，或是時間過長的問題。另外在上、下坡的過程，大部分的體驗者都會受到驚嚇。

• 搔癢期（第 121~150 分鐘）

體驗內容 移動期結束後，所有體驗者應該均已無睡意，逐漸產生負面情緒。身體僵硬及血液循環不佳等情況將逐漸產生，此時可以使用棉花棒或衛生紙，於體驗者的耳朵、鼻子、腳掌進行搔癢。

設計理念 體驗者被搔癢時，會很自然的用手或腳去撥弄，而長輩也是同樣的感受，特別是留置鼻胃管產生的異物感，更容易使得長輩無意間去撥弄。如果是認知症長輩更會因為直覺感到不舒適，而自行拔除鼻胃管，此時為了避免管路脫落，工作人員往往會以乒乓球手套或約束帶，來限制長輩的行

動。或者，長輩常常因為皮膚乾燥發癢而下意識地搔抓，但是其皮膚相對脆弱，常常因此產生傷口，而在癒合能力較差的情況下，傷口持續產生，最後機構內的照護人員為了讓長輩傷口癒合，也經常會給予約束。

• 干擾期（第 151~180 分鐘）

體驗內容：針對臥床體驗者，在未告知的情況下大力將棉被掀起，給予翻身拍背約 3 分鐘，並將隨意蓋於臉部或未蓋到全身等。

設計理念：夜間時需進行翻身拍背或更換尿布，特別是當失禁需更換尿布時，由於皮膚及尿布會些許潮濕，如果未告知長輩或保暖工作未落實時，長輩很容易因為皮膚瞬間的涼意而受到驚嚇，突然被翻身拍背也會有不好的感受。而工作人員在結束照護工作時，往往快速的將棉被蓋上，而忽略長輩想要蓋全身或只蓋部分部位等需求。

• 解除約束

　　依據自黏標籤上填寫的時間，依序解除約束，並給予至少 10 分鐘時間進行放鬆。

3 注意事項

　　由於約束一位體驗者時間約為 3 至 5 分鐘，因此建議可以於體驗前，確認每位體驗接受哪類體驗後，先指導所有人員各類型體驗的纏繞方式及注意事項，並安排幾位最後體驗的學員協助其他人員約束，以加速流程，並於 30 分鐘內完成所有人員的約束動作。

約束體驗使用材料（30 人份）

項次	品項	項次	品項
1	輪椅 15 張	7	每人 1 雙長襪（至少 20 公分）
2	醫療床 15 張	8	每人 2 條毛巾
3	枕頭 15 組	9	透明膠帶（6 公分寬）12 綑
4	棉被 15 張	10	剪刀 6 把
5	眼罩 30 個	11	自黏標籤 30 張
6	打擊樂器（製造噪音）	12	搔癢用具（棉花棒或衛生紙）

二、尿布體驗

因為尿失禁而使用尿布的長輩，當有尿意時請求照顧者協助至廁所如廁時，照護者最不應該說的就是：「您有穿尿布，尿下去就好了。」這句話代表著長輩會逐漸習慣被要求排尿在尿布裡，逐漸喪失尿意感，也慢慢的習慣不去「打擾」照顧者，主動要求去廁所如廁了，如此一來，尿布或是導尿管將會陪伴長輩度過餘生。

因此尿布體驗的目標著重於讓工作人員了解使用尿布是最後手段，就算使用尿布後也要儘可能移除尿布，在無法移除尿布時，優先處理長輩的排泄物是第一要務。

如果辦理 2 天之工作坊，可以操作 2 次不同的尿布體驗，一種為穿著乾淨尿布，另外一種則為穿著加入人工排泄物的尿布，而加入人工排泄物的尿布體驗，則可與約束體驗同步進行。

1 乾淨尿布體驗

體驗內容 體驗時間 3 小時，但如果於 3 小時解尿於尿布內，可於解尿 10 分鐘後解除尿布。體驗前不需提醒學員要事先如廁或避免喝水。

因為每款尿布黏貼或使用方式不同，建議於體驗前指導正確黏貼方式，避免產生排泄物外漏情況，而對使用尿布有誤解。穿著尿布時，切記告知體驗者要將內褲脫掉，勿讓體驗者有任何僥倖心態。所有體驗人員尿布穿著完畢後，給予每位 1 瓶 500 毫升以上之礦泉水或飲用水，於一開始確實監督體驗者喝完 200 毫升的水量，之後每隔 1 小時喝 200 毫升。

設計理念 體驗長輩因為失禁而剛開始使用尿布時的感受。大部分長輩因為尿失禁的關係，往往不願意喝水，因為怕尿布吸水量不足，對於水的攝取會更加抗拒，慢慢的就習慣不喝水了。加上如廁是具有高度隱私的行為，雖然穿著尿布時，不需要到廁所

內排泄，但是仍是在大庭廣眾下如廁，初期容易產生羞愧感，間接也會導致長輩水量攝取不足。

老年人身體水分約僅有體重 50%，比一般成年人的 70% 來得低很多，缺水 1~2% 會有意識障礙產生，到 5% 時更會有運動機能低下的情況（竹內孝仁，2015），因此當長輩不願意喝水變成常態時，不僅無法產生尿意來進行如廁訓練，也因為運動機能低下導致站立、移位或行走更為不易，這時候要訓練長輩來移除尿布就更為困難了。

同時，竹內教授也指出攝取足夠的水量，可以幫助白天的覺醒及夜間的睡眠品質。因此，當長輩厭惡喝水時，其一連串的反應絕非單純的口渴而已，身體及認知功能的衰退，才是照顧人員所必須正視的。

2 人工排泄物尿布體驗

前置
作業 人工排泄物（大便）製作流程為，將麵粉放入高
湯鍋中，再加入常溫水及食用色素後，用大湯匙
慢慢攪拌，讓麵粉產生筋性，水量掌握如果不確
定，可以用逐次少量增加的方式，原則上要讓麵
糰可以黏著在大湯匙上，同時要有「牽絲」的感
覺，如果太濕會糊糊的，太乾則麵粉會結成塊。
人工排泄物（小便）製作流程則較為簡單，使用熱
水泡茶包並泡出顏色即可，泡完時要讓溫度維持在
攝氏 50 度左右，但也不能太高，避免皮膚燙傷。

體驗
內容 該體驗可與約束體驗同時進行，首先依照每人腰
圍尺寸發放黏貼式尿布及小尿片，首先將人工大
便放置於小尿片後方（約為穿著尿布後的肛門口
處）；然後再倒入溫茶水。如果體驗者為男性，
穿著尿布時小尿片應記得往上提，並固定住位置，
避免排泄物外洩。

所有人員尿布穿著完畢後，每位體驗者給予 1 瓶 500 毫升以上之礦泉水或飲用水，於一開始確實監督體驗者喝完 200 毫升的水量，之後每隔 1 小時喝 200 毫升水量。如果同步進行約束體驗者，則由工作人員協助體驗者飲水。

設計理念

這個體驗強調的是，當長輩排尿或解便至尿布時，濕濕熱熱的不適感，讓體驗者感受到穿尿布是如此的痛苦；更重要的是當長輩排尿或解便後，照顧者因為忙碌未即時協助更換尿布，對長輩更是一種折磨，因為排泄物的水分會被尿布吸收，人工大便變乾的過程，會黏著在皮膚上然後硬掉，此時整個臀部會非常不舒服，移動的過程皮膚若受到拉扯，更是痛苦。

因此該體驗是要提醒工作人員，儘量不要讓長輩排尿或排便在尿布裡，如果發現尿布內有排泄物時，應該將清理排泄物當成首要工作。

尿布體驗使用材料

項次	品項	項次	品項
1	每人 1 片黏貼式尿布	7	茶包 5 包
2	每人 1 片小尿片	8	麵粉 1500 公克
3	每人 1 瓶 600 毫升礦泉水	9	棕色食用色素 2 瓶
4	高湯鍋 1 個	10	紙杯 30 個（倒溫茶水）
5	湯勺 1 支	11	濕紙巾 30 包（清潔用）
6	熱茶水 1 桶（2000 毫升）		

人工排泄物製作

三、不當餵食體驗

前置
作業 將每一道菜分別攪打成細碎狀，勿加太多水成為泥狀，並分開盛裝至方格餐盤中。體驗者兩人一組，一位體驗者擔任長輩，並戴上眼罩直到結束，一位體驗者擔任照服員，長輩坐在照服員的慣用手側邊。一開始為靜音狀態，照服員依據講師動作進行餵食。依序分別為布丁湯匙餵食、鐵湯匙餵食及快速餵食體驗。

❶ 布丁湯匙餵食體驗

體驗
內容 請照服員拿起布丁湯匙，挖一小口肉泥餵長輩，並待長輩吞下後，照服員站起，並將長輩的頭仰高及臀部往前坐，使用布丁湯匙挖一小匙菜泥餵長輩。

| 設計理念 | 雖然是細碎飲食，但如果是分開食用時，仍然可以吃出食物的原味；使用布丁湯匙餵食主要是讓體驗者可以先行感受小口餵食時咀嚼的餘裕感；當照服員站立餵食，則為常見的錯誤餵食姿勢，因為長輩必須將頭部後仰才能進食，此時食物可能在會厭軟骨蓋住氣管前，就因重力進入氣管而造成嗆咳及肺炎的情況。 |

2 鐵湯匙餵食體驗

| 體驗內容 | 照服員坐下後更換成一般鐵湯匙，讓長輩頭回正、上半身稍微前傾，然後再挖一大口第二種菜泥餵長輩；待長輩吞下後，照服員挖一大口肉泥、一種菜泥及白粥餵長輩；待長輩吞下後，照服員挖一大口肉泥及白粥餵長輩，因長輩不可能一口全部吃下，因此在等待長輩咀嚼吞嚥時，故意在長輩嘴巴塗上飯菜，然後用鐵湯匙刮一刮嘴邊殘渣。 |

| 設計理念 | 模擬出使用大匙面進食的感受，容易感覺一次量太多，造成咀嚼與吞嚥困難；另外於照顧過程中，照顧者常常為了早點休息，而動作較為急促，特別是長輩被餵食時容易嘴邊會有菜渣，因此透過湯匙刮殘渣的過程，體驗出不舒服的感受。 |

3 快速餵食體驗

| 體驗內容 | 將全部飯菜全倒進碗裡攪拌均勻，不必等長輩吞嚥完成，連續挖 3 大口快速的餵長輩，待長輩全部吞嚥後，限時 30 秒內將碗內所有餐食吃完。 |

| 設計理念 | 不管是正常餐、剪碎餐、細碎餐或攪泥餐，相當多的機構都會將所有飯菜放在同一個容器內，縱使一開始有分開處理與放置，但是在餵食的過程中，食物會逐漸被攪拌在一起，此時飯菜味道就會互相干擾，再也吃不到食物的美味，也大幅降低長輩的食慾。 |

而快速餵食主要是要讓體驗者感受到，長輩被迫快速吃飯時的不適感，而在這樣的不適感下，會產生厭食的感受，最後導致營養不良之情況。

餵食體驗使用材料

項次	品項	項次	品項
1	每人1份細碎餐（2種菜類、1種肉類、滷蛋及白粥）	4	每人1支塑膠布丁湯匙（匙面小）
2	每人1個4格餐盤（裝菜）	5	每人1支鐵湯匙（匙面大）
3	每人1個碗（裝白粥）	6	每人1個眼罩（可重複水洗）

攪打餐

不當餵食體驗

結論

●●●●●●●●●●●●●●●●●

　　照護機構在推展自立支援照護模式時，需要改變照顧者的文化（林艷君、黃璉華，2018），而欲改變照顧文化，必須從上而下貫徹堅定的理念，機構給予足夠支持與資源，才能讓翻轉照顧文化的齒輪持續轉動。

　　不當照顧體驗是促進照顧文化翻轉的重要推手，或許當台灣照顧文化徹底翻轉後，不當照顧體驗將會成為歷史名詞，因為所有的照顧者或是社會大眾，都會很清楚明瞭「以人為本」才是最基礎的照顧準則，自然也不會發生不當照顧等情事。

生活
自立支援
照護指南

生活自立支援
照護技巧

端正坐姿腳著地

●●●●●●●●●●●●●●●●●●●●

　　當臥床時，基本上身體所有重量都放在床上，因此不會運用到肌肉，容易加速肌少症的惡化，維持坐姿時，至少上半身肌肉是有在活動的，因此若想要脫離臥床，最大的關鍵就是「坐」。

　　如果長輩有中風情況，手臂是往上攣縮，採坐姿時透過重力向下的力量，可以減緩上肢僵直的速度，同時下肢關節包括髖關節、膝關節及踝關節都會呈現 90 度，更可避免下肢過度僵直。

1 端正坐姿對飲食及排便皆有幫助

　　長輩的一天中，最常呈現的姿勢通常是坐姿，包括

如廁、用餐、看電視、沐浴（使用洗澡椅）等。正確的坐姿能讓長輩在安全的狀況下，執行各項生活功能。所謂正確的坐姿，就是坐著時讓膝蓋呈 90 度，雙腳掌可以平穩的踏在地面上，身體重心放在骨盆腔中間，上肢可以保持平衡，腹部核心肌群可以讓身體些微前傾。

端正坐姿

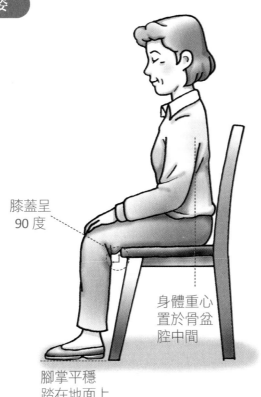

膝蓋呈
90 度

身體重心
置於骨盆
腔中間

腳掌平穩
踏在地面上

坐姿前傾看似簡單無奇，但卻非常重要。身體無法前傾可能會造成風險或是無法達到目標。舉例來說，用餐時如果身體無法前傾，頭部呈現後仰姿勢時，食道將容易被壓迫，導致在吞嚥時產生阻力，進而產生嗆咳情況，長輩用餐的舒適性將會大幅降低。

　　另外，在排便時，直腸收縮壓力、腹壓及重力，三項均要齊備。對於身體功能衰弱的長輩而言，長時間在馬桶上排便，會有一定的危險性。因為要產生腹壓時，需要前傾且腳要出力，在長輩腹部核心肌群力量不足時，即有可能跌倒。

站立條件與環境

●●●○○○○○○○○○○○

當長輩可以穩定坐姿時，即要開始鼓勵長輩站起，或是協助增加其關節活動度，避免關節僵直在某一個角度。站姿時，全身肌肉均有活動。

1 先往前，再往上

大多數的人認為站立時是靠「往上」的力量，但是依據站立的人體工學，站立的起始動作為上半身前傾，且頭部要往前超過膝蓋，先往前、再往上，才能順利站起，而非身體往上來站立。

最簡單的驗證方式為，邀請一位人員坐在椅子上，另外一人用一支手指頭頂住其額頭，不讓其頭往前靠，並請其站立起來，就會發現該員無法站起。在引導長輩

時，不管是長輩自行站立或協助站立時，工作人員常常會只強調往上的力量，此時這往上的力量要承受的是全身的重量，往往造成長輩無法成功站立，或是照顧者因負荷過重而產生職業傷害。

另外一個常見的錯誤照顧動作，就是長輩從坐姿要站立時，未引導長輩雙腳往後縮，而是在雙腳往前伸的狀態，就引導長輩站起。當雙腳往前伸時，自然而然上半身就會往後靠在椅背上，難以呈現要站立時需要的「上半身往前」的狀態。站立時，雙腳會用力以產生往上的力量，但當上半身往後、身體的重心落在屁股上時，身體往前的力量反而會與雙腳往上的力量互相抵消，加上長輩腹部肌力不足，自然就無法站立，照顧者也要花雙倍的力量才能協助長輩站起。

1

讓長輩雙腳
平放在地上，
往後縮，讓
腳趾位於膝
蓋正後方。
上半身前傾，
頭部位於膝
蓋前方。

2

頭部持續往
前且雙腳用
力，讓重心
落在腳上（屁
股自然上
抬）。

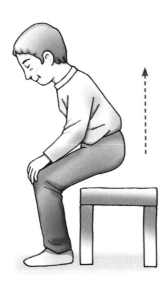

3 膝蓋伸直，身
體自然站起。

為了讓長輩更好站立，屁股最好向前移，不要緊貼椅背，可以訓練長輩單腳開瓶動作，自然屁股就會往前挪動，膝窩與椅面前端距離至少一個拳頭寬度。

單腳開瓶動作

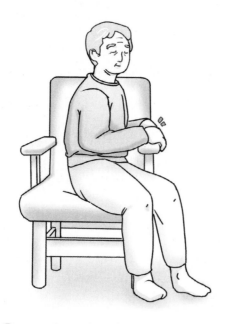

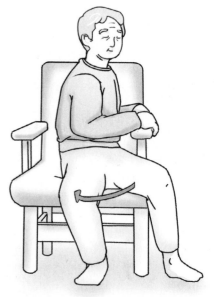

① 身體略轉向左側，雙手握住左側扶手。

② 右腳向外打開，再向內合起，重覆進行。

② 從床鋪或馬桶上站起

除了從椅子上站起外，也會有從床鋪、馬桶上站起的時機，同樣需要符合基本的站立條件：雙腳要有往後縮的空間，腳後縮的同時雙腳掌保持著地，讓身體可以輕鬆往前傾等要素。

而在家中最常見的障礙就是傳統床，往往床下沒有空間讓雙腳後縮，或是床墊太軟導致坐姿向下陷，甚至是床鋪太低導致身體不易前傾。而在如廁時，常見的就是馬桶下方沒有空間，或是馬桶太低等問題。

專家建議，適合生活自立照護床墊軟硬度，應以「能夠安心在床墊上走動的硬度」為標準。而床鋪與馬桶的高度，則是以坐在床鋪及馬桶時腳掌保持著地，且膝蓋成 90 度，一般來說可以先計算小腿長度如為 40 公分，如果身形中等，則為 40+14 公分的高度，但是仍須依據個人體型而調整。如果長輩的身形較小，導致馬桶過高時，可以於地面放置踏墊（可用巧拼組合，或訂做木箱

均可），讓長輩的腳掌可以著地，此時搭配正面扶手讓長輩如廁，會較為安全與舒適。如果長輩身形較高，則可以考慮馬桶增高墊，讓長輩坐起來較為舒適。

床鋪高度

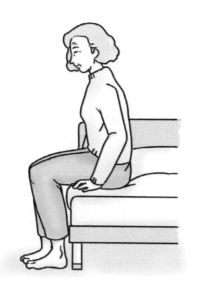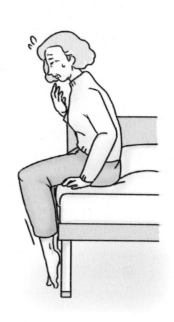

註：圖片參考《圖解長期照護新百科》（大好書屋出版），P.194

機構中的工作人員該怎樣引導長輩站立呢？如果長輩肌力跟關節活動度均允許，僅是太久沒有站立，先確保長輩雙腳掌有無在膝蓋下方，工作人員可以將手掌往上放在長輩手掌下並牢牢握住（握手這個動作讓長輩有安心感），告知長輩即將站起，將長輩的手往下斜拉，讓長輩身體前傾且屁股離開椅面，此時再慢慢拉起長輩雙手往上斜拉，待長輩站穩後再放開雙手。（＊註）

＊註：
　站立訓練的對象有二：
　1. 在專業人員評估下，長輩具有站立能力；
　2. 長輩在使用輔具下可站立 10 秒。
　符合以上任一點，即可提供站立訓練。

協助長輩站起

1 將手掌往上放在長輩手掌下並牢牢握住。

2 告知長輩即將站起,將長輩的手往下斜拉。

3 慢慢拉起長輩雙手往上斜拉。

4 待長輩站穩後再放開雙手。

註:圖片參考《圖解長期照護新百科》(大好書屋出版),P.197

3 伸展關節活動度

　　如果長輩失能時間過久，均坐在輪椅或椅子上時，膝蓋關節往往容易僵硬，此時當長輩站立時，最常會出現膝蓋彎曲，呈現半蹲狀的費力姿勢。長輩因為下肢肌力不足，會立即想要坐下，就算可以硬撐，雙腳也會顫抖無法維持住，此時就算進行再多次的站立訓練，均很難達到成效，只會造成長輩的抗拒。因此，在站立前可以協助伸展膝關節活動度。

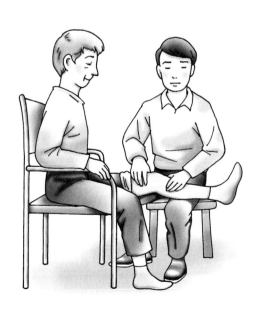

照顧者可以找一張椅子，與長輩呈 90 度，將長輩一隻腳的小腿放在照顧者的大腿上，雙手虎口放在長輩膝蓋上方（股四頭肌肌腱處），且施力手須與長輩小腿呈 90 度，慢慢施力往下壓到緊處，維持 10 秒，每天 3 回合，1 回合 10 至 15 下，1 下 10 至 15 秒，持續該動作 10 次以上，即可發現長輩膝關節活動度慢慢提升。

　　執行前可先熱敷膝窩半小時，加入後側大腿肌群按摩，執行後冰敷膝窩 5 至 10 分鐘。進行此動作前，可以先請物理治療師或復健科醫師給予指導及建議，以避免長輩受傷（*註）。在日本，照護人員常會運用小板凳，讓長輩小腿放在板凳上，使膝蓋伸直避免久坐後僵硬彎曲。

小撇步： **沐浴後，長輩身體呈現溫熱，方可取代熱敷，因此若考量時間不足，建議在沐浴後執行。**

---

*註：
- 執行復健治療時，手勢將保護照顧者避免工作傷害，詳細操作手法請洽詢專業人員。

4 站立訓練

　　以長輩的能力來說，當長輩膝關節可以伸直時，即可以運用扶手、平衡桿或高度 70 公分以下的桌面來訓練長輩站立。在機構中較常使用牆面扶手來進行站立訓練，此時要特別注意長輩與牆壁之距離，建議至少為 50 至 60 公分，避免因離牆面太近，使得長輩因為害怕頭撞到牆壁而不敢將身體往前傾，因而無法站立。因此，訓練長輩站立最好的器材，就是復健使用的平衡桿，復健用平衡桿的優點是較為穩固、可調整高度且長輩身體可以儘量前傾，同時透過群體訓練的過程，建立團體動力。

小撇步：　長輩轉向側面與牆面平行。

　　依據日本三好正堂醫師的研究，站立訓練不僅簡單，而且非常有用，每天上下午各一次的站立訓練，每次最多 300 下，從坐到站、站到坐共分為 12 拍，1 至 6 拍為站立，7 至 12 拍為坐下，依據長輩身體狀況，每分鐘 5 下至 10 下，過快與過慢效果都不佳。長輩初期訓練時，如果肌力不足或是身體尚無法前傾，可由人員一對一帶領，但仍要依據節奏進行訓練，即可快速提升站立能力。實際情況可依長輩能力給予個別化訓練計畫。

環境營造及輔具

●●●●●●●●●●●●●●●●

1 桌椅挑選

挑選適合的桌椅，讓長輩維持正確坐姿，是啟動生活自立支援的開端，但是失能長輩常被引導高度依賴使用輪椅，主要是因為這樣可以讓照顧者減少協助長輩從輪椅移位到椅子所耗費的體力與時間。然而坐在輪椅會讓頭部後仰，當長輩腹部肌肉缺乏時，上半身較難維持前傾姿勢，導致在輪椅上用餐時，吞嚥較為困難，長輩進食速度也會更慢。而照顧者為了讓輪椅可以進入到桌子內側，往往會挑選桌面較高的餐桌，導致長輩無法自然地將手置於桌上。在身體後仰，且肩膀聳肩的情況下用餐，對於長輩來說，真的是一件苦差事。

輪椅只是移動時的輔具，用餐時，最好還是讓長輩坐於真正的椅子上。

如何在一般家具行挑選具有輔具功能的椅子？穩固為最重要條件，如為實木者最佳，重量不宜太輕，同時應具備扶手，且椅背要有支撐，椅背傾斜角度約為 100 度為最佳。如果可以，客製化椅子是最佳的情況，而在訂製或挑選椅子的過程中，需注意的尺寸包括座面高度、座深及扶手高度；座面高度主要是讓雙腳掌平貼在地板，同時膝蓋呈現 90 度、座深則為坐到底時膝窩與椅墊保持 5 公分的空隙、扶手高度為手部自然下垂時，剛好碰觸的高度。

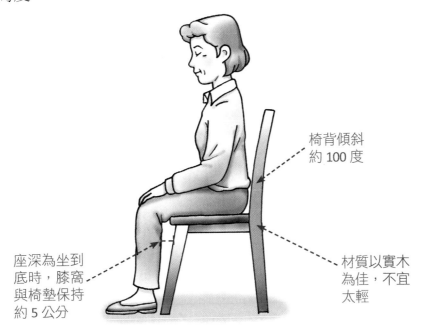

椅背傾斜
約 100 度

座深為坐到
底時，膝窩
與椅墊保持
約 5 公分

材質以實木
為佳，不宜
太輕

在挑選桌子時，仍要有長輩轉換到椅子用餐的原則，不需要優先考慮輪椅是否可以進到桌子內側，因此桌子不可以太高，目前市面上相當多的餐桌高度為 80 公分左右，對於逐漸失能的長輩而言些許過高，容易聳肩用餐，目前較為適合長輩使用的桌子高度為 70 公分左右；但也不能太低，應該要讓長輩在用餐時雙肘可以靠在桌面上，以達到省力之效果。

雙肘
可靠於
桌面

桌面距地面
70 公分

目前坊間可以購得日本的可調式木椅，無論是座面高度、扶手高度及椅子深度都可以隨長輩的需求做調整，非常適合長輩，因而也獲得大量的長照機構或日間照顧中心採用。

2 餐具挑選

正常用餐對於長輩來說可維持其基本尊嚴，但是當長輩失能或逐漸退化時，原本所使用的瓷具餐具，就會逐漸被改為不鏽鋼或美耐皿餐具，甚至到了最後就被換成了大碗公，將所有飯菜都放在碗公內。

當長輩中風單側偏癱時，最常遇到的問題之一就是無法自行用餐，因為只剩下單手可以使力，如果健側手拿筷子，患側手則無法控制碗，碗就很容易移動。克服此問題的做法有兩個，一個

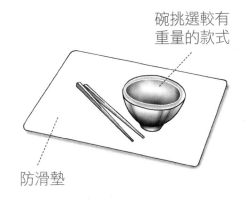

碗挑選較有重量的款式

防滑墊

是找底部有防滑顆粒的餐具，另外一種則是直接鋪防滑墊在桌面上，此時挑選較有重量的餐具，即可讓單側偏癱的長輩，也能妥善的控制餐具。

　　如果長輩單側偏癱於慣用手，或是身體機能衰弱，導致手部精細動作能力下降，目前市面上已有多款筷子、叉子及湯匙可以選擇。當長輩手指動作尚可時，可以先使用方便筷，讓使用筷子更為便利。如果手掌僅剩下抓握能力時，則可以使用輔助筷。

方便長輩使用的輔助筷

當上述兩類筷子均無法使用，僅能使用湯匙或叉子時，則可以使用加大握把的餐具，其主要功能為握柄較大，較容易控制，另外針對手腕關節角度限制者，可以選擇能改變角度與方向的湯匙及叉子，讓長輩更容易自行進食。

圓把餐具，握柄加大

可改變方向的湯匙

3 如廁環境與輔具

長期臥床的長輩到了後期，常常無法自行排便。為什麼呢？除了長輩纖維質的攝取減少外，主要因為在平躺的狀態下，人是無法排便的。人類排便時需要三種力量，一個是重力（往下的力量）、一個是腹壓、最後一個則是直腸肌的力量，當躺在床上時，排泄物往肛門口的方向與重力垂直，自然無法自行排便。

而一般老人便秘的比例也相當高，主要是腹壓與直腸肌的缺乏，而坐在馬桶如廁時，為了能夠有足夠的腹壓及直腸肌，身體必須要前傾，但是長輩隨著年紀的增長，主要肌群會逐年衰退，而保持前傾動作所需要的腹肌及背肌力量常會不足，如果前傾可能會有跌倒的風險，導致很多長輩是坐得直挺挺的，自然就比較難順利如廁。

　　而有時也會遇到長輩小腿長度比馬桶高度還短，雙腳沒有著地的情況，上半身自然也沒有辦法前傾。較簡易的方法可於地面放置踏墊（將巧拼組合後固定，或是訂製小木箱），讓長輩雙腳可以穩固地踏在地上。

　　因此，為了讓長輩可以維持安全的前傾姿勢，首先要讓長輩雙腳可以著地，同時可以保持穩定的前傾姿勢。如果空間與經費允許，可以設置正面扶手，安裝高度約為 65 公分，距離馬桶前端約 25 公分，不占空間且讓長輩輕鬆的使用；另一個更省錢的做法可以拿高度約 65 公分上下的椅子，於長輩如廁時，搬到馬桶前方讓長輩趴在上面，也可以穩固的前傾。

從馬桶上站起

1 身體前傾，手扶在正面扶手上。　**2** 手往下壓，支撐身體往上。

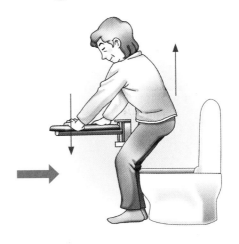

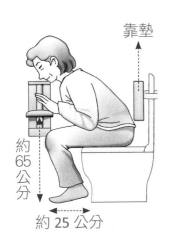

靠墊

約65公分

約 25 公分

3 膝蓋伸直，完成站立。

若暫時無法設置正面扶手，可搬一張高度約 65 公分的椅子或小桌，讓長輩扶著。

如廁環境	輔具	使用時機	圖片
廁所	馬桶	白天	
床旁	便盆椅	午睡或 短暫 休憩時	
床鋪	尿壺	夜晚 長時間 休憩時	女用尿壺 男用尿壺

4 沐浴環境、輔具與操作原則

　　浴室是長輩跌倒的熱區，原因不外乎浴室的環境潮溼，而為了設計出乾濕分離，就容易產生高低差，且空間較小需要較多的轉位動作，增加長輩跌倒的風險。

• 沐浴椅／便盆椅

　　如果長輩使用沐浴椅沐浴時，站起來那一刻常是容易跌倒的時間點。沐浴椅對於長輩或是主照顧者來說相當重要，目前市面上可以看到有靠背和無靠背的款式，建議最好使用有靠背的。常見的沐浴椅椅面為固定式的，如果要轉換長輩的方向，需要請長輩站起後，再進行轉身的動作，但是隨著輔具的研發，目前市面上已經有多款的旋轉式沐浴椅，長輩坐在沐浴椅上即可轉換方向，避免轉身時跌倒的風險。

　　沐浴椅挑選的基本原則有二：防滑、可調高度，居家使用也可選擇壁掛沐浴椅，因為一般居家浴室空間普遍偏小，使用壁掛沐浴椅較節省空間。除了沐浴椅，也可視長輩的能力及身形選擇使用便盆椅。兩者的特色及差異如下表所示。

	便盆椅	沐浴椅
圖片		
特色	• 椅面固定 • 椅腳有輪子，長輩可不必具備步行能力移動至椅子上 • 輔具整體面積較大，適合各類身形長輩 • 須收合附輪方可止滑 • 椅子高度固定，無法調整 • 方便性較沐浴椅高	• 椅面可旋轉 • 椅腳沒有輪子，長輩須具移位、站立能力 • 整體面積較小，須考量長輩身形 • 防滑 • 可依長輩身高調整座椅高度 • 安全性較便盆椅高
需求性	可如廁排便後再進行沐浴	僅沐浴單一功能
安全性	有靠背及扶手（可依據長輩身體功能能力選擇）	有靠背及扶手（自立能力較差者，建議選擇沐浴椅）

• 扶手

　　而當長輩要站立時，會產生身體重心轉換的現象，常見的垂直扶手如果在潮濕的情況，是很難透過手抓住扶手來穩定身體的，因為缺乏摩擦力的情況，手掌會往下滑到扶手底部，因此最基本應裝設直立型扶手，另也有廠商研發出「山型扶手」，透過三組山型扶手，製作出三種高度的支撐點，讓長輩站立起來更省力也更安全。

　　另外，可以加裝扶手的位置，包括容易潮濕的地方、需要跨越高低差的位置、開關門的位置等，都可以加裝扶手，讓長輩走路可以更加穩固。如果居家的環境允許，在設計乾濕分離環境時，盡量採用無高低差的截水溝設計，可減少長輩跨步時踢到門檻跌倒的風險。

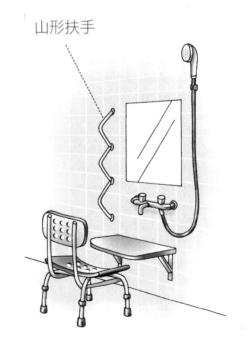

山形扶手

• 長柄刷

討論完浴室的安全環境，接下來就要引導長輩如何自行沐浴了。沐浴跟排泄可謂是人最隱私的生活需求，特別是當年紀大且失能時，往往會傾向由伴侶來協助，接下來才是子女媳婦們，最後才是外部的照顧人員，而每一段過程其實都會造成長輩內心的糾結，甚至逐步喪失自我的尊嚴，進而影響到心理與社交等精神層面。因此，讓長輩自己洗澡，不僅可以提升身體功能，在心理及社交層面上，更會有令人驚豔的進步。

只要長輩還可以端正坐姿，就可以嘗試讓長輩自己沐浴，長輩常見沐浴困難包括無法刷背、上肢柔軟度不足導致無法清潔到下肢、平衡感與關節角度不佳導致清潔肛門較為困難，上述的困難均可以透過引導及輔具來克服。

首先是刷背的部分，可以運用毛巾先讓長輩雙手放在肩上及腰後，由照顧者引導長輩雙手抓住毛巾，此時長輩就可以自己清潔背部了；另外清潔下肢的部分，則

可以購買長柄的沐浴刷，長度超過 45 公分，如果長輩身
體相當僵硬，仍是無法確實清潔，則可以放個小椅凳讓
長輩把腳放在上面，就可以讓長輩更輕鬆的自行沐浴。
而在肛門口清潔方面，可以利用山型扶手，讓長輩自行
站立後，主照顧者可以在確保長輩的身體平衡後，讓長
輩嘗試旋轉軀幹自行清潔，但是切記不可勉強，避免長
輩跌倒。

運用毛巾讓長輩抓住，
即可自己清潔背部

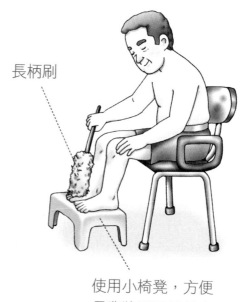

長柄刷

使用小椅凳，方便
長輩將腳置於其上

• 照暖燈及毛巾

　　協助長輩沐浴的過程中，除了照暖燈或暖氣機外，也可以在長輩肩膀上及生殖器兩個部位鋪上毛巾。肩膀上的毛巾要隨時淋上溫水，避免長輩失溫；生殖器部位的毛巾則是用來維護長輩的隱私，避免照顧者在協助長輩沐浴時產生尷尬的情況，也可以讓長輩更為自在。

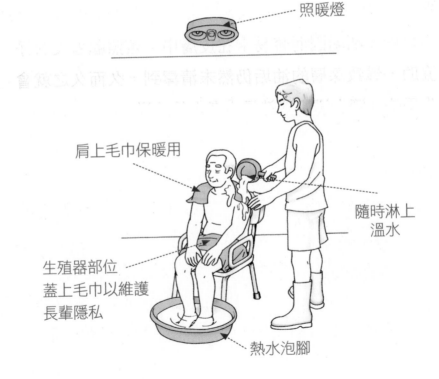

照暖燈

肩上毛巾保暖用

隨時淋上
溫水

生殖器部位
蓋上毛巾以維護
長輩隱私

熱水泡腳

中風長輩如果單側偏癱，仍然可以運用以健側引導患側的方式，如自己洗背的部分，只要協助長輩雙手抓住毛巾，就可以利用健側來拉毛巾，自然患側也會運動，關節角度也會逐漸拉大，此時長輩沐浴的時間就可以逐漸縮短。

「老人味」是大家認為人老了身上無可避免會有的體味，其實不然，這是人老了身上的皺紋增加、皮膚較為鬆垮，油垢因而容易卡在皮膚中，若照顧者沒有仔細協助，導致深層的油垢仍然未清潔到，久而久之就會產生異味，讓人誤解這就是「老人的味道」。

• 沐浴的操作原則

1. 讓長輩以坐姿脫衣服，了解長輩過往沐浴的習慣，以長輩習慣的方式與順序進行，例如，有些長輩習慣先洗臉、再洗頭、最後洗身體，有些可能相反。
2. 開始沐浴前請長輩將手伸出以測試水溫，並準備一盆熱水讓長輩泡腳，不僅可以保溫，更能促進新陳代謝。
3. 浴室內不一定都有配置暖風機，冬天沐浴時，若全

身衣物都脫光，體感溫度會降低，因此開始洗頭時，可以讓長輩身上穿著一件內搭衣，洗完要沖水時再將內衣脫掉。

4. 洗頭時，可準備小噴瓶裝上熱水，將長輩頭髮噴濕後給予洗髮精，提醒長輩未清洗到之處並協助長輩清潔洗不到的部位，確認後沖洗乾淨，使用毛巾將長輩頭部包起保溫。

5. 將蓮蓬頭靠近長輩身體約 5 公分進行打濕，給予長輩沐浴乳，提醒長輩清洗前胸、胯下等部位，背部因生理限制無法清洗到則使用沐浴巾協助，照顧者協助長輩清潔洗不到的部位。

6. 運用小板凳，讓長輩墊高下肢，或使用沐浴刷輔具，照顧者協助檢視腳縫有無清洗乾淨。

7. 請長輩拉著扶手站起，站穩後一手可清洗臀部，若長輩尚無法站立，可由照顧者協助之。

8. 擦乾長輩身體，留意私處及腳底是最容易產生細菌之處，須確實擦乾。使用過的浴巾可擦座椅或放在地板上讓長輩踩。

9. 讓長輩以坐姿穿衣服。

5 排泄照護的輔具（尿壺、便盆椅、尿布與尿褲等）

隨著年增長、器官隨之老化，膀胱會較為無力，在身體較為出力，如打噴嚏、咳嗽或突然站起時，偶爾就會發生滲尿（應力性尿失禁）的情況。當發生滲尿情形，原則上有兩個策略要同時進行，一個是要進行凱格爾運動（提肛運動），達到骨盆底肌肉收縮運動效果，透過收縮肛門、陰道、尿道周圍的肌肉，強化整體肌肉的強度與張力，可以大幅減少應力性尿失禁的情況。

雖然透過訓練可以大幅改善，但是部分人會因為疾病的關係，而無法徹底改善，此時就要選擇適合的衛生用品。在排泄照護方面，有多項產品或輔具可運用，照顧者可以依照長輩的狀況來選擇適用的輔具。一開始若是長輩常會來不及到廁所而失禁，可以先使用尿壺、床旁便盆椅；若一段時間後發現長輩出現漏尿情形，可改用尿布與尿褲；發展至最後若出現無法排尿情形，才使用導尿、尿管。

• 尿壺

一般而言男性長輩若有來不及如廁問題，可以提供尿壺來因應，尿壺容積小，方便攜帶及使用，且長輩亦可在使用完畢後自行至廁所進行清潔。

• 便盆椅

在夜間睡眠期間，長輩精神狀況亦呈現昏沉狀態，故可將便盆椅放置在床旁，便於長輩在夜間如廁時使用。

• 輕失禁尿墊

當女性長輩因為年紀大而有滲尿情況時，常會使用衛生棉來吸收尿液，但往往會發生反效果，因為衛生棉的設計是來吸收「濃稠」的血液，而非吸收「流速快」的尿液，因此當使用衛生棉時，尿液不但不容易被吸收，反而更容易沾染到身體皮膚上而產生尿臭味。如果不明就裡、沒有即時調整作法，長輩就會因為身上有味道而減少外出與社交。一旦缺乏外出活動，身體功能會快速退化，而在缺少與人互動的情況下，認知障礙就容易產生。

目前市面上，已經有販售輕薄、低容量的輕失禁尿墊，

厚度與一般衛生棉差不多，但是吸收力與抗菌效果比衛生棉都來得好很多，可供有輕微尿失禁的長輩參考選用。

• 黏貼式尿布及復健褲（輔具）

　　經評估後，長輩若具移位或步行能力且能忍住尿意，建議使用復健褲，復健褲方便長輩自行穿脫；黏貼式尿布一般提供給臥床長輩使用，需要他人協助換穿，若長輩有步行需求，應避免穿著黏貼式尿布，以免產生錯誤的走路姿勢。

　　另外，有尿失禁問題的長輩，也可選用黏貼式尿布或復健褲（褲裙）。由於黏貼式尿布的單價較復健褲便宜，因此很多人在選擇時以價格為主要考量，然而黏貼式尿布在設計時，是讓臥床長輩使用的，需要他人協助換穿。唯有當長輩躺在床上時，才能將尿布黏貼妥切，避免排泄物外漏。但在機構進行如廁訓練時，若使用黏貼式尿布，當長輩至廁所如廁後，照顧者通常不會帶長輩至床上重新包好尿布，而是會讓長輩採用站姿將尿布重新穿好，一旦當長輩失禁時，排泄物就很有可能外漏，

更容易造成長輩心理的退縮，而不願意進行如廁訓練。

　　因此，若長輩有步行能力及需求，或長輩有尿失禁情況需要進行如廁訓練時，建議採用復健褲，長輩穿脫尿布也會較為便利與快速。此外，穿著黏貼式尿布站立時，尿布會集中在胯下，訓練走路時會產生錯誤的走路姿勢，呈現外八的狀況，穿著復健褲就能避免這樣的問題。

• 尿管
　　一般而言長輩容易因生理疾病進入醫療體系，為方便照顧而裝置導尿管，當返回機構照顧時，工作人員須先確認長輩是否有蓄尿障礙，若無，應立即計畫拔除，避免產生泌尿道感染。放置導尿管為排泄障礙最後必要時的處置方式，僅在確認長輩有排尿障礙時才能使用此策略。

　　如果有蓄尿障礙可以進行骨盆底肌訓練，如果長輩無法站立，也可同時訓練長輩站立能力，並依照長輩膀胱容量，約 2 小時帶長輩至廁所如廁，並營造出適合長輩的如廁環境，如加裝扶手等。

而在移除尿布的過程中，務必注意長輩水分的攝取量是否足夠，因為長輩可能會覺得常常須至廁所如廁很麻煩，或是訓練過程中常常失禁很沒面子，導致不願意喝水，然而水分不足會造成尿意喪失，進而無法訓練長輩蓄尿的能力。

6 拐杖及扶手

• 助行器／拐杖

　　長輩練習走路的輔具，依照失能程度重至輕來選擇，分別為帶輪助行器、固定式助行器、四腳拐及單拐等。

帶輪助行器

固定式助行器

四腳拐

當要訓練單側偏癱的長輩走路時，最忌諱的就是使用固定式助行器來引導，因為長輩偏癱後平衡感會大幅衰退，而使用固定式助行器時，長輩需要將其抬起，此時從原本的 6 點支撐，僅剩下雙腳支撐，而在其中的單腳又無法使力情況下，長輩就只剩下單點來進行平衡，極有可能產生跌倒的情況。另外一種情況是，長輩因為手部力量不足，無法將助行器抬起，但是身體又即將往前時，很容易造成跌倒。

　　因此，當要訓練長輩走路時，應考慮長輩的功能搭配適合的輔具，可以使用帶輪助行器，讓長輩前進時，不需要將助行器抬起，以確保長輩身體的平衡。當長輩身體逐漸適應走路訓練時，則可以慢慢改變輔具的運用，如改用四腳拐，接著最後再讓長輩使用單拐來走路。

　　使用拐杖時，高度的調整很重要。基本原則為使用拐杖時，手肘一定要彎曲，角度約為 30 至 20 度左右，或是枴杖握把高度約至髖關節即可，一定要避免手肘完全伸直的情況。在調整好高度後，要確保拐杖底部止滑

使用拐杖移動步驟

1 拐杖前移 25 至 30 公分

2 患者腳往前抬，勿超過拐杖後緣

3 健側腳前移

效果是否足夠，及拐杖剛性是否可以支撐身體重量。

　　單側偏癱的長輩，使用四腳拐或單拐練習時，其走路順序為使用拐杖的健側手先往前移 25 至 30 公分，然後患側腳往前抬，但不能超過拐杖底部後緣，最後由拐杖支撐身體重量後，再將健側腳往前移動。要特別提醒的是，輔具的使用仍應遵循相關醫事專業人員的評估。

● 扶手：安全考量

　　扶手對於長輩而言是很兩難的輔具，因為扶手大都為固定式，如果在家庭或機構中依據長輩需求規畫充足的扶手，會造成長輩只能在安全的環境下生活，較難外出參加活動或聚會，因而容易造成社交封閉。但是考量長輩生活在家庭的時間較長，扶手的設置仍有一定的必需性，外出時照顧者則須考量長輩需要支援的需求。

　　通常扶手會設置在長輩較容易跌倒或是需要使力的地方，而長輩跌倒的熱點為浴室、廁所、門口、床旁等位置，通常是身體轉身時平衡感不佳，導致跌倒；或是為了

開門僅餘單手維持平衡；另外就是開啟一般房門（非推拉門）時，除了單手要推門時，同步雙腳也要移動，此時長輩會更容易跌倒；而長輩姿勢高度改變時，也很容易造成跌倒，如要從馬桶站立起來時，身體重心必須先往前、再往上，也容易產生跌倒；而姿勢高度的變化同時也會造成姿勢性低血壓的情況產生，因此在安全的考量下，扶手可以設置在浴室內需要轉身的位置、馬桶旁要站立的空間、門旁的牆壁或是床旁放置站立式扶手等。

門旁扶手

• 扶手：施力考量

　　除了前面提到的正面扶手與山形扶手外，最需要裝設的扶手，就是站立時所需的，由於站立的起始動作為身體前傾，因此在長輩前方設置扶手除了可以讓長輩往前傾時有所支撐外，更可做為槓桿作用的施力點，在雙手握住扶手後，上半身往下壓，同時搭配雙腳出力，最後將膝蓋伸直，就可以完成站立之動作。

　　而扶手裝設的高度與距離，原則上均為50至60公分，可依據長輩小腿、手背長度或是身體可伸展之角度來進行調整。如果站立位置附近沒有扶手，或是無法安裝扶手時，可以運用椅子或矮凳來當作支撐點，原則上高度也為50至60公分左右，但要注意該支撐物是否穩固。

　　如果有R型拐更是協助站立的一大利器，同時也可使用立地式的扶手，放置在床旁或沙發旁邊，讓長輩站立或翻身均能夠方便使力。

R型拐

立地式扶手的使用

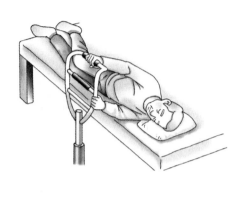
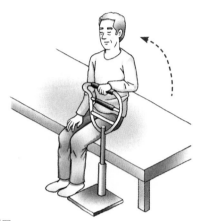

立地式扶手置於床邊，可供長輩扶握，
以利翻身或坐起。

立地式扶手

給水技巧

隨著年紀增加，身體保存水分的能力會降低，透過皮膚或如廁排出的水分會更多，因此引導長輩攝取足夠的水，是相當重要的。

1 喝水的最佳時機

一般來說，長輩容易口渴的時間點包括起床後、運動後、聊天時、用藥時、沐浴後，有的長輩也會因為過去習慣而在特定的時段喝水。

時機點	解決方法	示意圖
起床後	每天一大早起床時，因為長時間睡眠的關係，所以身體相當缺水，此時是長輩最願意喝水的時間點，更可搭配長輩的排便時間，給予含有益生菌的飲料，降低長輩便秘的機會。	
運動後	長輩在運動時消耗熱量，流失水分，此時若有補充水分也可以了解運動有無成效。	
聊天時	在機構中每一位工作人員為了要趕快完成工作儘快休息，往往忽略了要與長輩互動聊天，然而透過與長輩聊天並一起舉杯喝水，可以營造出互相鼓勵氣氛，建立起彼此的信任感。	

時機點	解決方法	示意圖
用藥時	● 服用藥物時，應先喝點溫水溼潤口腔，以防口腔乾燥，導致藥物黏著口腔內，難以下嚥。 ● 鼓勵長輩服藥時，需要多喝溫開水，幫助藥物溶解吸收，一般老人家多可接受建議。	
沐浴後	沐浴後，血液循環好，但須提醒長輩沐浴過程中會流失身體的一些水分，此時喝水是一件健康且必要的工作喔。	
過去習慣	● 例如有些長輩從前在鄉間生活，總會在下午聚集聊八卦喝老人茶，藉此提供茶會，除了熱絡機構長輩的人際交流，也可達到補充水分的目的。 ● 有些住民喜歡在用餐時多喝點熱湯，除了提供其個別湯品外，亦可增加水分的攝取。	

② 提高長輩喝水的意願

然而在機構中，卻常有長輩不願意喝水。究其原因如下：

- 運動量不足，未感口渴。
- 因為行動較為不方便，不想過於頻繁至廁所如廁或不能自己倒水。
- 不想喝白開水。
- 吞嚥功能下降，容易嗆咳。

長輩不願喝水原因	解決方法
運動量不足，未感到口渴	提供多元化的運動計畫、安排定時定量的個別化運動，增加長輩選擇性，給予正向回饋物，增加運動動機。
因為行動較為不方便，不想過於頻繁至廁所如廁或不能自己倒水	長輩請求協助時，照護者應盡快回應處理。 環境改造，讓廁所與生活起居做適當調整。 移除不安全的環境，避免長輩跌倒而產生陰影。

不想喝白開水	為了提高長輩攝取水分的意願，照顧人員可以依照時令給予不同的茶飲，例如夏天可以提供洛神花、青草茶、黃耆等茶類，冬天時則可以提供薑母茶等，另外也可以於運動後提供運動飲料，或是提供多元的風味茶，甚至是長輩特殊喜好的茶飲如咖啡。
吞嚥功能下降，易嗆咳	透過茶凍、明膠凍、增加茶飲濃稠度、優酪乳等方式，讓長輩可以安全的增加飲水量，避免嗆咳。

飲食及烹飪技巧

1 理想的進食姿勢

自然的進食姿勢，是上身往前微傾。理想的進食姿勢有四大重點：

桌子不能太高：
適合長輩使用的高度為 70 公分左右，保持雙肘可以靠在桌面上，以達到省力效果。

腳跟著地：
保持穩定坐姿，腳跟必須著地。若長輩身高較矮，可以削除椅腳。

上身往前微傾：
要順利吞嚥食物，上身必須呈現微傾，頭部往前亦可使口部位置低於咽喉，避免食勿誤入氣管。

使用有靠背及扶手的椅子：
不僅維護用餐安全，也能使長輩坐起來比較安心。

餐食與疾病的相關問題

餐食	生理問題	解決方案
清淡	蛋白質不夠，肌力不足	給予健康配方或增加保健飲食量
油膩	膽固醇過高	
蔬菜量高	鉀離子過高，造成腎臟負荷	
天然攪打餐、配方奶	無法由口進食的個案	配方奶需要增加鹽巴
普通餐食	味覺改變	加一些中藥配方
	認知狀況不佳	給予食譜增加用餐的刺激，特別是視覺的部分
	便秘	增加益生菌、優酪乳、養樂多（腎病患者不能喝太多）、膳食纖維的補充

2 進食障礙

「吃」的過程 →

先行期	準備期	口腔期	咽頭期	食道期
▪ 對食物的認知 ▪ 將食物放入口中	▪ 咀嚼食物	▪ 通過咽喉送進食道	▪ 吞嚥反射,將食物吞入	▪ 食物通過食道,到達胃部

真正吞嚥進入食道 →

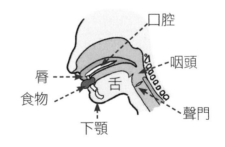

口腔

咽頭

唇

食物

舌

聲門

下顎

1. 先行期
透過視覺、嗅覺、觸覺,在有意識狀態的情況下認識食物,判斷這是怎麼樣的食物,例如「這個食物是軟的還是硬的?」

2. 口腔準備期
食物在口腔中咀嚼成塊(形成塊狀的食物從咽喉通過),透過顎、舌、臉頰、牙齒使唾液和食物混合

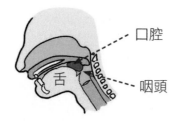

口腔

舌

咽頭

3. 口腔期
用舌頭將食物向後推
送至食道上方，碰至
懸壅垂，使會厭部閉
合氣管

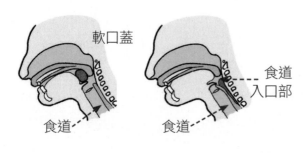

軟口蓋

食道

食道

食道
入口部

4. 咽頭期
吞嚥反射，將塊狀食
物送入食道，食道入
口打開的同時，呼吸
道會關閉，如果沒有
關開完全，則會有嗆
咳和吸入性肺炎的發
生

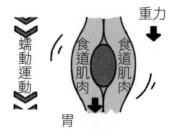

重力

蠕動運動

食道肌肉

食道肌肉

胃

5. 食道期
蠕動運動的重力讓食
塊向下通至胃部。食
道入口部的肌肉大動
作的收縮，避免食物
胃食道逆流

長輩的進食障礙可以簡單分為三種類型：

| 咀嚼障礙 | 食物成團障礙 | 吞嚥反射障礙 |

長輩有可能為單一障礙，也有可能為多重障礙，照顧時必須依據長輩的障礙類型來因應。

● 咀嚼障礙與食物成團障礙

若為咀嚼障礙與食物成團障礙，可以透過食材處理及烹飪的方式來改善，例如將食物切得較小，並烹煮較長的時間，讓食物變軟。（*註）

然而，一般照顧者常會有個迷思，認為長輩無法吞嚥是因為咀嚼能力變差，導致無法順利進食，因而過於侷限於如何讓食物變軟或變小，以利長輩咀嚼，不過卻常常發現長輩仍然無法進食，還是會發生嗆咳或食物留

註：
每樣食材最適合的溫度都不一樣，如攝氏 75 度以上為烹調魚、肉、海鮮適合的溫度，蔬菜則需要超過攝氏 90 度，纖維質才會開始被破壞，而長輩常吃的蒸蛋則是攝氏 80 度加熱 25 分鐘左右。

在嘴巴中等情況。主因是食物雖然變軟變小了，但是食物沒有辦法透過舌頭攪拌與唾液混合，進而產生食團，因此透過餐食的調整，除了要讓食物變軟變小外，更要讓食物可以在嘴巴中成團。

嚴格來說，食物「變軟」或「變小」，「變軟」的重要性應大於「變小」，因為當食物質地很硬而將其處理得很細碎時，食物反而沒有辦法成團，長輩在吞嚥時食物容易分散，而更容易產生嗆咳。因此，處理食物時應先嘗試煮軟，以符合長輩的牙口能力，然後再來依據長輩將食物成團的能力，來增加黏稠度。但並非立刻將食物煮軟及濃稠，否則反而讓長輩喪失恢復能力的機會，而食物太過濃稠也會降低長輩的食慾。

● 吞嚥反射障礙

正常的吞嚥反射時間大約 1 秒，若吞嚥反射介於 5 至 20 秒，就稱為吞嚥反射延遲。

當出現以下症狀，皆代表長輩可能有吞嚥反射障礙，

要特別注意：

- 吞嚥反射啟始困難或延遲反射
- 進食中常出現咳嗽或嗆咳
- 進餐後常出現咳嗽或嗆咳
- 進食咀嚼中食物往外掉落
- 常常清喉嚨
- 每一口食物要吞 3 至 4 次才吞進去
- 進食時間長（>30 分鐘）
- 進食後會有咕嚕聲
- 食物堆在口腔內的一側不自覺，或咀嚼中食物往外掉落
- 每餐後舌面上仍殘留許多食物
- 每餐後舌下仍殘留許多食物
- 每餐後兩頰齒槽溝仍殘留許多食物
- 聲音沙啞
- 構音困難，發音困難
- 咳嗽無力
- 原因不明的反覆發燒
- 體重減輕

　　若有吞嚥反射障礙，需要透過協助咀嚼及吞嚥力道

的刺激及練習，重新恢復吞嚥反射的能力，甚至是透過治療來加以克服。

3 協助長輩自行用餐

　　當長輩要用餐時，首先要確認他是否已經清醒，避免讓長輩在未完全清醒或是疲倦的狀態下進食，一定要讓長輩獲得足夠的休息。同時須確認他知道要開始用餐。長輩是否清醒影響最大的，就是吞嚥時的反射動作，當長輩未認知到要進食，會厭軟骨未即時閉合，食物將容易進入氣管，而產生嗆咳情況。嗆咳是吞嚥障礙症狀之一，必須特別留意。

　　同理可以運用到失智症長輩身上，失智症長輩就算人是清醒的，但是未進入到「用餐情境」裡，所以基本上他們不會主動張口，就算張口吞嚥反射也會相當緩慢，很容易產生嗆咳情況。大部分的機構照顧人員會將這種情形解讀成長輩無法進食，也會因為照顧人員不願意等待，產生進食量減少而營養不良，進而留置鼻胃管的情

況，而為了避免長輩下意識地拔除管線，只好進行約束，照顧悲歌因此產生。因此，長輩用餐前先進行全身放鬆是有必要的，而非讓長輩呈現緊繃的狀態。針對患有失智症或長期臥床的長輩，則可於用餐前或口腔照護前，在正確的姿勢下給予身體放鬆的動作。舉例來説，若長輩在失智症初期，則用餐時可以放輕音樂給長輩聽，若是帕金森氏症患者，則可以採交叉進食，也就是「吃一口飯再喝一口水」的方式。

　　前面章節有提到，端正坐姿腳著地是所有照顧的基礎，當長輩可以穩定坐好時，一定要讓長輩使用椅子於餐桌前用餐，切勿為了節省時間而略去把長輩從輪椅移位至椅子上的流程；而另外常被忽略的一點，就是長輩因桌子太高使得雙肘騰空，此時肩膀為了支撐手部的力量將變得痠痛，進而影響整個肩頸，甚至影響到咀嚼肌及舌頭等肌肉的運作。

1 清醒與否及精神狀態	當長輩要用餐時,首先要確認他是否已經清醒,或者是否已休息足夠,不能讓長輩在疲倦狀態下用餐。且要確認他知道要開始用餐。長輩是否清醒影響最大的,就是吞嚥時的反射動作,當長輩未認知到要進食,會厭軟骨未即時閉合,食物將容易進入氣管,而產生嗆咳(吞嚥障礙症狀之一)情況。
2 讓失智者進入「用餐情境」	a. 飯前可以先喝水漱口及手部清潔(溫毛巾擦拭手部亦可),作為提醒失智長輩進入「用餐情境」的準備動作。另外,進食前先喝水漱口,口腔濕潤後,也可使得吞嚥過程順利。 b. 給予失智長輩食物時,可多利用人體感官刺激方式,引導其順利進入「用餐情境」,如聽覺方面招呼或關心詢問:「好吃嗎?溫度如何?」視覺方面引導長輩看見食物或介紹菜色,嗅覺方面給予香味刺激等。
3 失智者「混亂情境」的避免	a. 飯廳光線充足,使失智長輩能夠看清楚盤中食物。 b. 安靜無干擾的環境,減少其分心。 c. 餐具及桌巾的顏色與種類,應以簡單、易於與食物分辨為原則。 d. 將盤中的食物簡單化,如只在一個盤碗中裝盛一種食物,避免長輩無法分辨選擇而出現玩弄食物的狀況。 e. 失智者有時會有將食物含於口中忘記咀嚼,照護者的態度: ● 不可無視,並耐心提醒,不催促 ● 簡單指令,同時併用分解動作示範 ● 不可以命令口氣應答 ● 不要責備或否定

③	失智者「混亂情境」的避免	f. 失智患者有時無法表達疼痛的訊息，如果有食量減少或拒食的情況，有可能是口腔內出現問題，當儘早就診。
④	身體放鬆準備	用餐時間不宜過長，過長的進食時間，使原本就較衰弱的老人其肌耐力更加下降，嗆到的風險就會相對增加。簡單的因應方法有： ● 少量多餐 ● 鼓勵住民多說話，甚至大聲說話，因為簡單的說話就可以訓練肺部、刺激喉部肌群等。
⑤	床上： 舒適而正確的擺位準備	a. 通常長期臥床或半側偏癱的長輩，即便暫時無法下床，亦應當給予有效的支托，以幫助其舒適且端正的擺位。 b. 半側偏癱的患者，除半側知覺麻痺外，會伴隨空間視覺癱瘓側部分障蔽，故於進食時，應將生活用品及食物，放置在其視野完整的一側。
⑥	椅上： 穩定的端坐姿勢	a. 幫助長輩擺好菜餚後，盡量鼓勵其自立用餐，因為只有自己本人才可控制進食的量及頻率，減少誤嚥的機會。 b. 另外，控制一口的量也是非常重要的，若有長輩有吞嚥問題且平日個性急躁，用餐總是一口份量過多，可改使用近乎平坦的淺湯匙，如此較易控制每次一口的安全進食量。

7 好食慾最重要，吃飯是件快樂的事	a. 口腔清潔，沒有痰黏液、牙垢，唾液增加，長輩自然心情舒爽，食慾提高。另外，口腔護理及唾液不足情形下，也會導致假牙在進食過程中容易脫落。 b. 提供長輩喜愛的食物，老人家的飲食，大部分其實不是非常講究，也不一定大家都要吃一樣的東西，無論是乾飯、軟飯、米粥、饅頭或麵條都是最簡單且方便的選擇。 c. 機構常礙於死板的作息時間，導致有些長輩在還沒肚子餓的時間內強迫進食，當然沒有任何食慾，若此時照護者以不耐的態度強迫進食，或直接快速餵食，將發生不愉快的經驗，使長輩把吃飯以為是件痛苦的事，最好的方法，就是安排充實的活動量，提高飢餓度，或「等到餓了再吃」。 d. 外送或外出用餐，也可以變換心情，激發食慾，增加生活情趣。 e. 製造特別的共餐機會，如慶生會、迎春聚餐等，或請家屬多來陪伴共餐。
8 隨時注意長輩用餐情況	注意並了解長輩吞嚥過程及狀況，以協助其預防並改善問題發生。

❹ 口腔運動及吞嚥訓練

　　當長輩長期留置鼻胃管、未從口進食，或是很少張口進食時，咀嚼肌及舌頭沒有運動，會產生肌肉麻痺的情況，就好比身體長時間維持同一個動作不動時，會產生麻痺的情形一樣。長輩在臉部肌肉及舌頭麻痺的情況下，自然會抗拒張嘴、咀嚼及吞嚥等動作。因此，為了讓長輩肌肉不要太過僵硬，有必要於飯前 30 分鐘施行口腔運動。

　　目前台灣常見的口腔運動有兩個版本，一是「健口瑜伽操」，二是「呷百二」，均可從 Youtube 下載。依據「進食與吞嚥照護指引」，口腔運動可加強咀嚼肌力、活動關節、刺激唾液腺分泌，包括臉部、臉頰及舌頭的體操、發音的練習、唾液腺的按摩及吞嚥的練習，利用日常的練習加強長輩攝食、吞嚥機能，預防窒息、誤嚥及吸入性肺炎的發生。

　　若是針對臥床者或不願意配合者，該如何執行肌肉的按摩呢？除了可以由照顧人員用手部慢慢按摩外，更

可以搭配現在流行的臉部按摩器來協助長輩，主要針對臉部廣義咀嚼肌來進行按摩，日本就有設計使用在失能長輩臉部及舌頭按摩的器具。

　　總結來說，只要確認長輩的清醒狀態、坐姿正確及完成口腔運動後，長輩即可安全的用餐。若長輩容易嗆咳，則應協助長輩進行吞嚥訓練。嗆咳原因通常為會厭軟骨閉合太慢，導致食物掉入氣管中，因此吞嚥訓練主要為喚醒口腔內的反射機轉，較為常見的做法為讓長輩喝冰水、喝冰檸檬汁等，甚至運用棉棒沾冰檸檬汁後，碰觸前咽門弓增加刺激度。透過類似的反射刺激後，可以慢慢鼓勵長輩吞口水的速度，持之以恆自然就可以增加吞嚥能力。若長輩進食量不足，則偶爾可以提供冰淇淋給他們。

可讓長輩喝冰水或冰檸檬汁，來喚醒長輩口腔內的反射機轉。

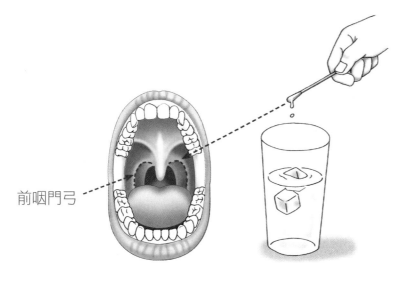

前咽門弓

或可運用棉棒沾冰檸檬汁後，碰觸前咽門弓增加刺激度。

移位原則

在協助長輩進行移位時，照顧者應善用槓桿原理，與長輩同心，鼓勵長輩運用僅存的一絲絲力氣，共同移轉位，落實「生活即復健」的原則。

很多照顧者在照顧的過程中，常常會產生腰部受傷，或是背部拉傷的情況，原因不外乎是在「搬運」的過程中受傷。常見的照顧有床上翻身、床至輪椅的移位等，基本原則都是要「引導」長輩儘量出力，如果長輩半側偏癱或無力，移動的方向是往健側方向，以下針對翻身及床至輪椅的移位進行說明。

1 床上翻身

　　最大重點就是減少身體與床的接觸面積，以減少阻力，同時盡量讓身體部位上抬，如手舉高、膝蓋彎曲。

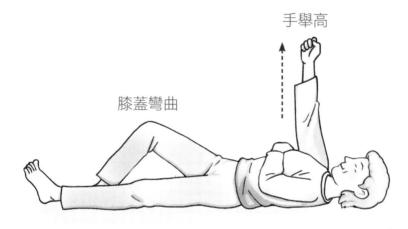

手舉高

膝蓋彎曲

註：圖片參考《圖解長期照護新百科》（大好書屋出版），P.170

　　身體部位上抬主要是要讓身體重心往上提升，而非緊貼床面，此時也會減少身體與床的接觸面積。其中最容易讓人忽略的就是「頭」，頭的重量約只有4至5公斤，但是頭位於身體的頂端，所以槓桿加成效果最大，因此引導長輩將頭抬起，如果真的沒有辦法，也可引導長輩眼睛儘量看肚臍；如果長輩手沒有辦法抬高，則可以雙

手交叉抱胸，如果是單側偏癱的長輩，則可以用健側抓患側，將手抬高。

　　膝蓋彎曲也是同樣道理，單側偏癱者可以先用健側腳掌伸在患側小腿或腳踝下，然後再進行彎曲，如果兩隻腳的肌力均不足時，則可以採用雙腳交叉疊放的方式；在完成頭部、手部及腿部的抬高後，照顧人員站在肩膀與腰部中間，告知長輩即將翻身及方向，務必請長輩一起翻身，若一手可以抬起，則是翻動雙手，如果不能抬起則要從肩膀翻動，腳可以彎曲的情況下則另外一手從膝蓋翻動，如果不行則要從腰部翻動。

　　整個翻身的過程，照顧人員應要評估每次長輩使力的情況，如果長輩有持續的進步，則要鼓勵長輩自行出力，甚至練習至可以自行翻身的程度。

小撇步： **一般而言，教導中風患者會往健側邊翻身，目的是省力；若平常想運用翻身來訓練長輩，可改由患側邊翻身。詳細相關訓練方式可洽詢專業人員。**

協助長輩翻身　　* 適用下半身麻痺患者

1　將健側腳放在患側小腿或腳踝下，再彎曲膝蓋；若兩腳肌力不足，可採雙腳疊放的方式。

2　長輩一手置於腹部上方。

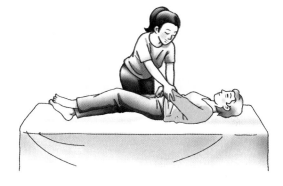

3　照護員一手置於長輩肩膀，一手置於腰部靠髖關節處，然後翻動。

2 坐於床緣

　　而長輩翻身呈現側躺姿勢於床緣時，接下來則要協助長輩起身坐在床緣，如果長輩能力允許，則要先營造可以讓他自行起身的環境，因為起身最主要是要靠手肘撐住床面所產生的反作用力，然而目前長輩使用的床均為單人床，寬度僅有 95 公分左右，因此如果要鼓勵長輩自行起身，可於床旁放一椅面高度與床高度相同的椅子，作為手肘的支撐點，以利長輩自行起身。

　　手肘撐起上半身後，雙腳則可以順勢滑落於地板，此時切記床的高度不能太高或太低，可讓長輩呈現端坐姿勢的高度最適合。

由床上坐起步驟

① 於床旁放一椅面高度與床高度相同的椅子，長輩側身扶在椅子上。

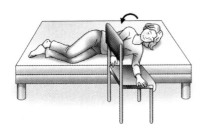

② 以手肘撐起上半身。

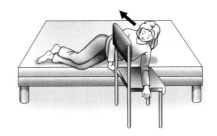

③ 雙腳順勢滑落於地板。

④ 呈現端坐姿勢。

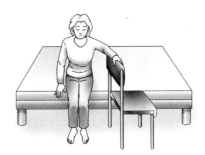

如果長輩能力尚無法自行起身，須由照顧人員協助時，照護人員應站在長輩的肩膀與腰部中間，採用蹲馬步姿勢，床面高度約為蹲馬步時腰部高度，一手伸入長輩頸部後方往上施力，另一手則往下推長輩骨盆，以照顧者為支點，運用槓桿原理即可省力協助長輩起身。切記出力前仍要提醒長輩即將起身，完成起身動作後，接著調整床的高度讓長輩呈現端坐姿勢。

協助長輩由床上坐起

1 長輩側身躺，盡量靠近床緣，膝蓋彎曲。

2 照護員一手置於長輩脖子後方，一手置於膝蓋下方施力。

3 順勢轉動長輩身體。

4 協助長輩呈端正坐姿。

❸ 移至輪椅

　　長輩呈現端坐姿後，則考量長輩的雙手能力，如果僅是因為衰弱但雙手功能尚可，除了讓輪椅與床呈 30 至 45 度外，輪椅正對方約 50 至 60 公分還要置放一張高度約 50 至 60 公分的板凳或椅子，該板凳離床的距離也約 50 至 60 公分，放置位置角度與輪椅相同，由照顧人員引導長輩腳後靠，雙手掌往前蓋在板凳上，自然身體旋轉及站起，而屁股剛好在輪椅的前面，此時順勢坐下即可。如果長輩單側偏癱時，輪椅要放置在健側那邊，同樣輪椅要與床呈現 30 至 45 度，首先身體及健側手要往前延伸至輪椅遠端的扶手，同時照顧人員引導長輩站起外，也要引導長輩將身體旋轉，屁股落在輪椅上方後，即可順勢坐下。

　　在照顧的過程中，若發現長輩屁股往前移動，感覺要掉下輪椅時，工作人員常常會從後面將長輩拉起，將其屁股往後靠，而長輩在這樣的過程中，因為看不到移動的路徑，較容易產生緊張與不安的情緒；此時可以考

慮一種移位方法：照顧人員蹲在長輩前方，雙手分別伸入屁股兩側下方，手掌扶住屁股後，一手將屁股往後送，接著換另一手，這樣長輩就可以在看到照顧人員的動作下，往後移到輪椅後側；同理，如果要將長輩從輪椅後側移到前側，也可運用同樣手法，將長輩往前移。

　　補充說明：有時候長輩睡覺時，可能會較為偏向床緣，照顧人員要將長輩移回床中間，避免長輩掉下，建議先將長輩翻身呈現側臥姿勢，並塞入移位巾後，再呈現正躺時，將塞入的移位巾拉平整，此時身體就躺在移位巾上了。由於移位巾的摩擦係數相當低，可以很省力的協助長輩在床上移位，加上它摺疊後體積相當小，非常適合隨身攜帶。

移至輪椅步驟

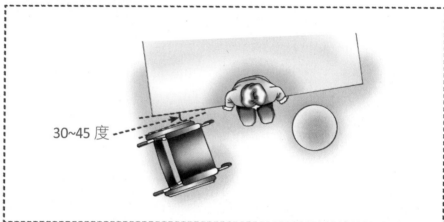

30~45 度

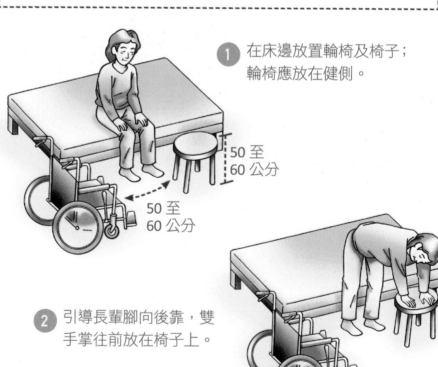

1 在床邊放置輪椅及椅子；
輪椅應放在健側。

50 至
60 公分

50 至
60 公分

2 引導長輩腳向後靠，雙
手掌往前放在椅子上。

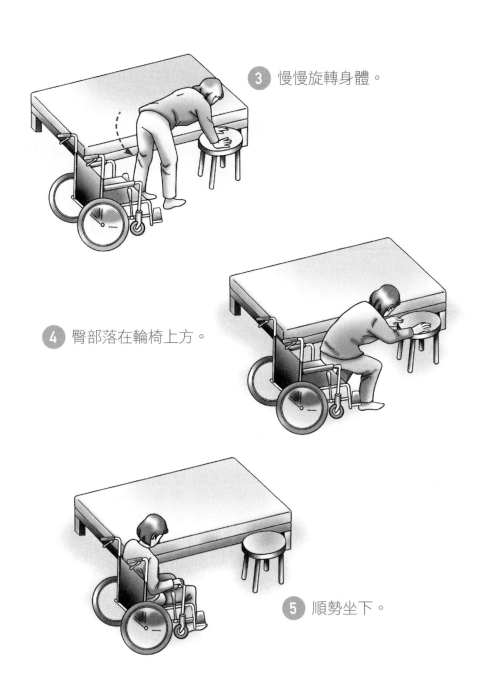

③ 慢慢旋轉身體。

④ 臀部落在輪椅上方。

⑤ 順勢坐下。

擺脫臥床

1 訓練抬臀

　　能否抬臀，是臥床長輩是否能夠脫離臥床的重要指標，因此臥床者如果無法抬臀，則需要加以訓練。抬臀動作主要分為兩個步驟，分別為兩手臂平放於身體兩側膝蓋彎曲腳掌平放於床上，然後再運用屁股後側肌肉將屁股抬起，引導長輩抬至最高處後放下，每次 10 下，每天執行 3 次。

　　如果長輩中風偏癱，照顧人員需協助固定長輩患側保持彎曲，維持執行抬臀運動，照顧人員協助更換尿布會更為輕鬆與省力，更可讓排泄的清潔更加確實，而執行抬臀運動的過程中，也能訓練腹肌與背肌等核心肌群，有利於接下來於床上坐起這個動作。

抬臀訓練

① 兩手臂平放於身體兩側，膝蓋彎曲，腳掌平放於床上。

② 運用屁股後側肌肉將屁股抬起，維持 3 秒鐘，每次 10 下，每天執行 3 次。

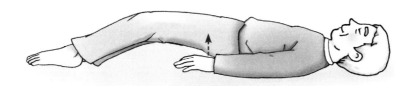

小撇步：當長輩髖關節已能伸直，則不需要再做抬臀訓練。
小撇步：若想要訓練長輩步行，抬臀訓練即為抬至最高處「維持」3 秒鐘，此時訓練重點在於平衡。

② 訓練動態平衡

　　長輩坐起時要儘量讓他們成端坐姿勢，一開始長輩會左右搖晃，可以由工作人員協助穩定，依據長輩身體狀況延長坐姿時間，同樣每日 3 次。當長輩已有靜態坐姿平衡的能力時，在告知長輩的情況下，由照顧人員輕觸（干擾刺激）長輩肩膀，逐漸訓練長輩動態平衡，依序進行兩側肩膀的碰觸，當長輩的坐姿靜態及動態平衡逐漸穩定時，表示長輩脫離臥床的時間也快到了。

小撇步：　訓練長輩自行穿衣時，須維持平衡，亦是一種動態平衡的訓練挑戰。

　　長期臥床的長輩因為缺乏肢體運動發生關節攣縮的狀況，即使照顧人員於床上認真執行被動關節運動，效果仍是有限，因此執行復健運動時，讓長輩在床上採坐姿會比採躺姿更好。照顧人員可坐於長輩左側，稍微推動長輩左肩至右側，請長輩不要被推倒，以此方式將有

助於訓練長輩的動態平衡。

　　當長輩可以穩定坐姿時，即可以協助長輩移位至輪椅上，每一次的協助移位都相當重要，除了一定要先與長輩達成移位的共識外，應告知其移位步驟使其安心。照顧人員須確實掌握長輩的能力，手掌一定要扶住長輩的屁股，但是先不要出力，儘量讓長輩自己出力，直到感覺長輩出力但已到極限時，才介入給予施力，這樣的協助過程雖然耗費時間，但確實是長輩最好的復健過程。

3 增加膝關節角度

　　為避免長輩產生關節攣縮的情況，因此在訓練坐姿平衡時，也可以逐步協助長輩增加膝關節角度。目前大都由物理治療師／生來指導照顧人員執行此一步驟，通常要先進行熱敷 20 至 30 分鐘，增加肌肉及肌腱柔軟度，長輩成端坐姿照顧人員坐在關節攣縮邊，並與長輩坐姿成 90 度，將長輩小腿放在照顧人員的大腿上，雙手掌疊

在一起慢慢給予膝關節壓力，要先向復健科醫師或物理治療師確認膝關節角度的極限值或是禁忌為何。

　　有時長輩因為關節太久沒有伸展，初期會有肌腱拉扯的狀況，長輩會容易喊痛，此時可以評估長輩口氣與臉部情況，來增減力量。原則上，加壓至極限（角度或長輩忍耐程度）時，維持 10 秒，然後再慢慢放鬆力量，勿立即鬆開，否則很容易造成傷害。來回共 10 次，每天可執行 3 組。

訓練走路

　　日本的竹內孝仁教授提出了一個經典精神，就是「運動學習理論」，簡單來說就是讓長輩可以在實際的情境下，練習走路。竹內教授舉例表示，如果一個人學習到所有游泳的理論與姿勢，但是僅在岸邊練習，那麼當實際上他到水裡面時，還是沒有辦法游泳的。所以長輩長期臥床或未走路時，雖然肌肉快速消失，但是仍有足夠肌力，只是忘記如何走路了，因為身體不再持續走路時，身體的記憶力就喪失了，自然就不知道該怎樣走路。

　　竹內教授另外提出一個長輩能重新恢復走路的判斷基準，那就是「可以在輔助下站立 5 秒」，就表示長輩肌力是足夠的。輔助包括扶著扶手或支撐物等，當我們確認長輩有一定站立能力時，就可以開始訓練長輩走路。

1 運用學步車

訓練走路的進程初期強調於讓長輩重新熟悉走路的姿勢，會先運用學步車來練習，讓長輩趴在學步車上，照顧人員在後方確保長輩安全，避免突然軟腳而跌倒。

目前市面上販售的學步車，主要分為兩種款式，一種是怕長輩練習過程中會突然乏力，因此於屁股下方設置椅墊或支撐帶，以確保長輩的安全，然而使用該種學步車時，長輩很容易將屁股往下坐，身體重心會往後，因此於學步車內的走路姿勢就會與實際走路姿勢有所不同，就如同竹內孝仁教授的學習理論一樣，在學步車就算走得再好，但只要脫離學步車卻一樣無法或不敢走路。

因此，另外一種學步車就不會設置椅墊或支撐帶，但是為了確保長輩練習過程中的安全，會安排一位工作

人員隨行，該工作人員除了安全確保外，更要透過口語指導或用腳協助調整長輩的走路姿勢，避免長輩駝背及僅腳尖著地的情形，特別是長期臥床或中風偏癱的長輩，走路過程更容易僅腳尖著地或雙腳交叉，需要特別注意。

學步車

避免約束

常見約束的理由，多為控制長輩的一種行為（意謂主從關係的轉換），除工作人員自覺長輩需約束之外，約束的原因還包含害怕長輩跌倒受傷、長輩拔除管路、長輩皮膚乾燥、過敏搔癢無法忍受自抓到紅腫、確保長輩不會亂跑等。

1 預防跌倒

● 鼓勵長輩不要害怕向照顧人員尋求幫助

長輩因為疾病或老化，導致身體肌耐力、平衡及視力逐漸衰退，常有跌倒情形發生。有些長輩有服用鎮定或安眠藥，在夜間時起床如廁或移位時，未告知照顧人員，因而更容易發生跌倒意外。因此，夜間可謂是長輩跌倒的高峰。此時照顧人員應與長輩達成共識，不要害

怕會造成照顧人員的困擾，需要起身就時使用呼叫鈴，然而在與長輩溝通的過程中，應避免使用責備的口氣，否則會導致照顧人員與長輩間無法建立信任感。

● 輔具及環境檢視

另外，也可以從環境與空間的配置上改善，降低長輩夜間跌倒的風險。長輩夜間會起床，大都是因為有如廁需求，如果為男性長輩，可以指導他使用尿壺，若是女性長輩，則可以於床旁設置便盆椅，縮短長輩移位的距離，以避免長輩跌倒。其移動動線應順暢，提高安全性，也應注意調整床椅的高度，方便長輩下床或起身。

而夜間燈光也是相當重要的，為了避免影響長輩睡眠，可以設置「踢腳燈」，於夜間想要起身時不用打開所有照明，以免造成昏眩；另外可於牆壁轉角及推拉門旁設置扶手，地板及扶手應有防滑處理，讓長輩移動時可以更加穩固安全。

● 以科技產品感知長輩離床動作

　　然而，當長輩有認知障礙無法溝通時，上述的措施可能仍無法避免長輩跌倒之情事，鑑於此，部分單位會設置低於 30 公分的床鋪，讓長輩較難爬起，即使跌倒所造成的風險也會較低；目前市面上也有相當多針對長輩離床的感測系統，包括壓力感知、紅外線偵測等類型的設備，可供利用。

　　根據使用經驗，壓力感知設備判斷較容易有誤差；

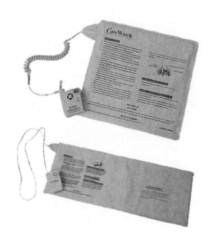

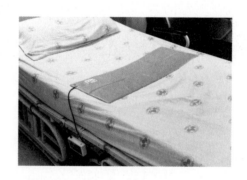

壓力感知墊　　　　　　　　　將壓力感知墊放置在床上，當
　　　　　　　　　　　　　　長輩離床時，可即時發現。

而紅外線感知系統，若屬於可以完整掃描床面或寢室的設計，是最為精準的方式，但是較為昂貴，以掃描床面為主的系統來說，單台售價即達 20 萬元以上，因此目前紅外線感知系統多採用點對點的偵測，如果長輩碰觸到警戒線或於該警戒線停留過久時，才會發出警告。但是該類型的偵測僅能告知長輩已經跌倒，因此針對失智長輩夜間離床的問題，除了加強巡視外，重點還是要透過專業的陪伴與觀察，以掌握長輩可能的規律動態，來提升巡視效率。

● 端坐姿勢避免跌倒

　　白天時大部分長輩會被移位至輪椅，然而最常見的情況為，除了如廁或沐浴等一定要離開輪椅的動作外，長輩均會坐在輪椅上直到夜間睡眠時；因此另外一個為了避免長輩跌倒而進行的約束，就是將長輩約束在輪椅上，限制其行動以避免長輩滑落輪椅，或是自行站起但下肢乏力時產生的跌倒。

　　長輩會滑落輪椅大都是慢慢形成的，這代表著長輩

在滑落的過程中，並沒有被照顧人員看顧或注意到，更代表著長輩姿勢不正確及核心肌群的不足。為避免這種情形，必須採用「單元照顧」（*註），一位照顧人員同時看顧不超過 12 位長輩，且離開現場時有其他人員可以支援。

看顧長輩時除了要注意長輩動態，更重要的是要與長輩互動，提升其意識，避免整天昏昏沉沉。在照顧人員人力不足的情況下，可以由其他人員或邀請志工來擔任看顧的角色，需要照顧專業的部分則由照顧服務員擔任。

而讓長輩長期坐在輪椅上，是目前台灣住宿型機構

註：
- 以往機構照護模式大都為「大團體照護」，所謂大團體照護，就是將很多長輩（20~30 位）集中在一起，然後由 1 或 2 人於現場照顧，但是如果長輩有照顧需求時，照顧人員一離開現場，現場就會沒有照顧人員，長輩在此時就很容易發生危險，例如失智長輩站起跌倒等；且以往的機構設計使得移動動線必須拉很長，所以長輩或工作人員的移動會耗費許多時間。
- 「單元照顧」強調的是，所有的設施趨於集中，但是服務量體約為 9~12 位長輩，因此動線距離相對較為精簡，工作人員彼此間也比較好支援。而在硬體環境沒有辦法調整的情況下，則是要建立起照顧現場一定要保持 1 位人員，該人員不見得要是照顧人員，主要是控制現場秩序，如當長輩要站起時，可以先安撫或扶助等。

的通病，長輩也習慣坐在輪椅上，甚至認為使用輪椅是與大家一樣的、沒有什麼不同，特別是用餐時，長輩從輪椅移至餐椅的意願更是大幅降低甚至排斥。然而因為輪椅是屬於移動的輔具，因此坐在輪椅上時屁股位置會較低，背部會整個靠在輪椅椅背上，久而久之長輩背部肌群因長期未使用，就會逐漸失去力量，當長輩無法坐直時，身體就會產生往前滑落的力量，即使長輩雙腳正確踏在輪椅踏墊，身體仍會慢慢滑落，所以除了需要專人看顧外，還是要優先鼓勵長輩從輪椅移位至椅子上端正坐姿、腳著地；另外，可以於椅面鋪上止滑墊，避免或減緩長輩的滑落情形。

● 訓練長靠核心肌群

最後，仍要訓練長輩的核心肌群，確保長輩坐姿可以維持。初期可以先讓長輩呈端正坐姿後，上半身前傾45 度後再呈端坐姿，同樣為每次 10 回合，一天可以執行 3 次，長輩自然可延長端正坐姿的時間。當長輩能力逐漸增強時，可以使用彈力帶等工具，增加肌力訓練強度，讓核心肌群更為穩固。

● 藥物的影響

如腹瀉劑、利尿劑、安眠藥、抗癲癇藥物、抗憂鬱劑、抗精神病藥物、抗組織胺劑等，可能影響長輩的如廁及休息規律，應予以注意。

● 了解住民個人生活作息、個性及生理疾病

- 頻尿、睡眠時鐘。
- 個性急躁、不耐久候、不喜麻煩他人。
- 姿勢性低血壓、暈眩等。

2 尿管／鼻胃管

長輩常見留置的管路包括鼻胃管及尿管，其中留置鼻胃管產生的不適感會相當重，特別是認知障礙的長輩，更容易無法理解為何要留置管路，以及管路用途為何，在未被約束的情況下，自然就會將鼻胃管給拔除，然而要重新留置的過程，會再次造成長輩的不適感，特別鼻胃管留置在身體的長度相當長，從鼻孔、咽喉、食道一直到胃部，留置的過程管路會破壞組織黏液，產生更多

的不適。

另外，要避免長輩拔除鼻胃管，根本之道是要避免長輩留置鼻胃管，而要避免長輩留置鼻胃管，就必須注意長輩的營養攝取，除了維持食物的色香味俱全外，還要落實長輩的口腔照護及口腔運動，口腔照護強調於口腔內的清潔，口腔運動強調於臉頰及舌頭的肌肉維持。

然而最常被忽略的就是舌頭肌肉的訓練，特別是長輩留置鼻胃管後，不再由口進食時，基本上舌頭就會開始退化，甚至舌頭肌肉容易麻痺，導致長輩更不願意開口說話及進食，因為只要一開口說話或進食，舌頭產生的麻痺感會相當的不舒服，而讓長輩更不願意開口，也讓口腔照護的難度增加，造成惡性循環。

另外，因為留置鼻胃管的關係，長輩甚少由口進食及飲水，口腔清潔也較難執行，導致長輩口腔、咽喉及食道均會相當乾燥，而長輩因為感染而有痰液時，痰液更容易變乾燥而卡在咽喉，完全無法咳出，所以維持長

輩口腔肌肉及確保水分攝取量，更是長輩移除鼻胃管的基礎前提。

● 人員教育訓練

每半年檢視工作人員實施健口瑜伽操的流程及黑岩恭子口腔照護模式的步驟是否確實。（＊註）

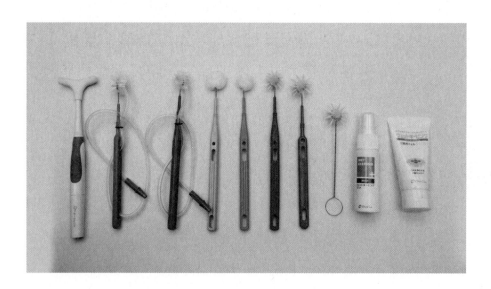

註：
• 黑岩恭子口腔照護法需使用專利的 Minimore Brush 牙刷及保濕凝膠。

3 如何建置無約束的環境

1. 團體照護方法：目前老人養護中心團體活動多由社工負責設計及帶領，然受限於長輩生理及認知功能，實際照護仍須由照顧服務員協助，因此發展出照顧服務員的團體照護方法，一方面增進照護關係互動，另一方面避免約束。

   各區域依照照護長輩功能特性設計團體活動，例如：泡茶、滾球或手做課程等，將長輩集中管理。

2. 長期照顧人員對於約束的概念，加強同理心，可每兩年參加約束體驗課程一次。

3. 避免落入「保護性約束」的迷思。

4. 出院後留置管路，應積極評估如何移除。

擺脫尿布

排泄障礙原則上可以分為三種類型：

排泄動作的障礙	排尿器官的障礙	排便器官的障礙
包括認知障礙或失能產生的障礙。	蓄尿、排尿的障礙。	蓄便、排便的障礙。

雖然部分障礙需要透過醫療介入或是不可逆，但是仍可以透過積極照顧與環境改善，讓長輩有機會可以移除尿布。

1 排泄最優先原則

　　排便照護除了影響長輩的營養攝取及其尊嚴，亦影響照顧服務員本身工作的尊嚴，因此排便照護比排尿照護更為重要。在照護場域中勿把尿布當成行動馬桶及便盆椅，應分級長輩的排泄能力，評估長輩自行如廁的可能性。

　　使用過後的尿壺及便盆椅，將排泄物倒入馬桶中，再使用浴廁劑清潔，將異味清除，避免影響其社交。

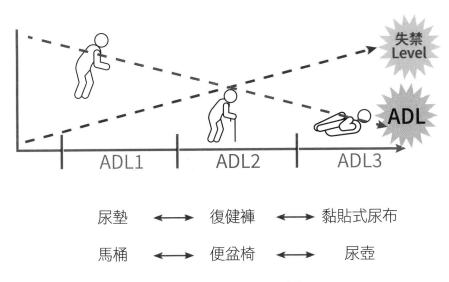

註：依行動力進行排泄分級照護，圖片來源：嬌聯來復易。

照護時，應掌握「排泄最優先」原則，想要排便的感覺往往是一剎那、非常短暫的，因此當長輩有便意時，要立即帶長輩至廁所如廁，要不然糞便逐漸累積、變乾硬時，長輩要順利排便就會變得更加困難。排尿也是如此，雖然可以暫時憋尿，但是長期來不及移動至廁所，就會逐漸習慣排尿在尿布內，尿意感因而逐漸消失。

至廁所如廁最需要的是站立的能力，因此當長輩可以自行撐著扶手或牆壁超過 5 秒時，就可以慢慢練習至廁所如廁。長輩如廁時仍要維持隱私，因此確保長輩在廁所內的安全是必要的。依據長輩身體狀況，設置 50 至 60 公分高的扶手讓長輩可以從馬桶站立及轉位，或是設置 75 公分高的扶手讓長輩可以撐著扶手走路等，也可設置正面扶手讓長輩上半身可以往前傾，增加腹壓讓糞便更容易排出。

當長輩失能或運動能力逐漸衰退時，常常會為了減少至廁所的次數，而減少水分的攝取，然而如此一來，長輩的蓄尿能力會逐漸衰退，使得長輩只要水分攝取稍

多一點就容易發生頻尿、來不及到達廁所而尿失禁的情況，結果就是必須使用尿布。使用尿布後會造成尿意感喪失，就更難脫離尿布的束縛了。

要讓長輩重新恢復尿意（即蓄尿能力），充足的水分攝取是必須的，但是初期在增加水分的過程，長輩尿失禁的次數可能會增加，照顧人員要向長輩解釋及說明這是進步的過程，切勿讓長輩喪失信心。而在增加水分的同時，則要進行骨盆底肌訓練，慢慢恢復蓄尿能力，此時照顧人員更要定期引導長輩至廁所如廁，並確實記錄排尿量。

正常人膀胱尿液達 250 毫升時，就會引起排尿反射，但是每個人蓄尿能力不同，因此必須進行排尿記錄，才能精準掌握長輩的蓄尿量。初期建議於長輩喝水 250 毫升後的 2 小時，就主動帶領長輩至廁所如廁，當至廁所如廁成功的次數慢慢增加時，就如同走路的「學習理論」一樣，尿意與蓄尿能力便會重新恢復。

如同前述，在進行如廁訓練的過程，切忌使用黏貼式尿布，男性的問題多半在於解不出來，女性的問題則多為漏尿，對於男性而言，使用尿壺會比使用尿布方便。因為如廁訓練初期更換尿布的頻率會較高，使用黏貼式尿布需要至床上更換才會黏貼穩固，因此要使用復健褲，脫下或更換尿布的時間才會較快。如果長輩使用黏貼式尿布但未在床上重新黏貼，很容易造成失禁時尿液外漏，造成長輩自尊心的嚴重受傷，進而不願意再次進行如廁訓練。男性長輩在如廁訓練時，如果願意使用尿壺時，且沒有排便障礙時，只要有尿意感且認知功能正常，可以很快的脫離尿布，因此當長輩有尿意時，使用尿壺即可不需要至廁所如廁，同時也可以更加快速。

尿壺

② 夜間以睡眠品質為優先

　　上述為日間的如廁訓練，那夜間是否仍要實施如廁訓練？其實可以不用，因為夜間最重要的是維持長輩的睡眠品質，反而必須減少長輩夜間起床如廁的頻率，因此建議睡前要帶長輩至廁所如廁，睡前 2 小時水量攝取應低於 200 毫升。長輩若仍有夜尿需求，且床離廁所位置較遠時，可以於床旁設置便盆椅，以方便長輩夜間如廁使用。

　　而排便障礙最常見的是習慣性便秘，一般的住宿式機構通常會在長輩持續 3 天未排便後，給予軟便劑，並讓長輩直接解便在尿布內，久而久之長輩就會喪失便意。若再加上水分攝取不足，便秘情況就會更加嚴重。

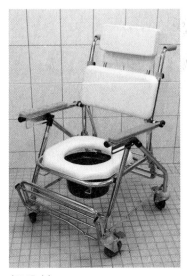

便盆椅

重新建立便意的過程是相當漫長的，特別是胃、大腸及直腸的反射均屬於副交感神經，而早晨是較為放鬆的時段，因此可以安排早上起床後或是早餐食用完畢後，帶長輩至廁所排便，而等待排便的時間較長，務必要讓長輩雙腳著地且身體前傾，如果長輩核心肌群力量不足，無法長時間維持前傾姿勢時，則可以安裝正面扶手，讓長輩得以支撐。同時，也可由照顧人員協助長輩進行腹部按摩，沿著肚臍周圍順時針按摩，增加腸道的蠕動。

順利排便的所需具備的要素相當多，且缺一不可，因此訓練排便往往比訓練排尿來得困難。當長輩增加攝取水分及纖維素時，可減少便秘之機會，同時使用馬桶時確保長輩腳可著地且身體前傾，可增加腹壓使排便順利，而讓長輩養成固定時間排便，則可方便照顧人員掌握長輩的排便時機。

生活自立支援
成功案例分享

第四章
CHAPTER 4

| 成功案例 1 |

擺脫重度依賴，
生活功能大幅改善

個案小檔案	
個　　案：香腸阿公	
年　　齡：76 歲	
初期狀態：入住機構 7 年，患有失智症且有情感性疾患，	
以輪椅代步，大小便皆在尿布上。	
照護關鍵：如廁訓練；坐站訓練	

　　早年擺攤烤香腸維生，妻雙眼失明，收養一子一女但未往來，平日多由妹妹關心探視。原在家申請居家服務 (送餐、陪同就醫、購物等)，兩次意外跌倒後由縣府轉介安置到機構。

| 問題
需求 | 在入住初期，養護中心的人員評估後發現，香腸阿公的問題如下： |

★ 下肢肌耐力不足

- 須他人攙扶才能站起，且無法站立很久。
- 下肢無力，無法步行至廁所。

★ 社會心理需求

- 個性好管閒事、好批評且自大，會反覆投訴其他長輩，不遂其意便開始吵鬧。

★ 日常生活功能性（大小便失禁、沐浴）不足

- 重度（*註）依賴照服員協助於床上更換尿布。
- 重度依賴照服員協助全身沐浴。

---

*註：
- 中度依賴：ADL 65 分以上
- 重度依賴：ADL 35~60 分
- 極重度依賴：ADL 30 分以下

導入目標 針對香腸阿公的現況，機構跨專業人員訂定了以下幾項目標：

短期： 提升飲水量、下肢肌力及增加纖維質攝取量。

中期： 連結牧師心理輔導及關懷；持續強化下肢肌耐力。

長期： 促進功能性（如廁、沐浴、步行）活動能力。

復健策略 以生活復健為主：

飲水： 每日飲水 2000 毫升，並在上午喝完 1000 毫升。

飲食： 增加水果（如鳳梨、香蕉等）的食用量，以及補充膳食纖維。

步行： 坐站訓練（＊註）每日 10 次，使用四腳助行器行走 50 公尺。

如廁： 起床後先坐馬桶，每 2 小時再提醒，提高上廁所的意識。

沐浴： 使用長柄刷自行沐浴。

移位： 每日 3 餐，自行從輪椅移位至木頭椅上用餐。

＊註：「坐站運動」為日本醫療法人羅壽久會淺木醫院會長三好正堂復健科醫師所創立。正常速度為 12 秒完成起立坐下 1 次，也就是數數「123456 起立」，然後再「123456 坐下」為 1 次。

執行成效 經過 8 個月的持續訓練，香腸阿公獲得了良好的成效，包括：

∨ 獨立完成移位。

∨ 獨立使用四腳助行器於平地行走。

∨ 獨立如廁，且白天完全移除尿布。

∨ 使用長柄刷完成沐浴，並自行穿脫衣服。

ADL 表現（＊註）	導入前（106 年 3 月）	導入後（106 年 11 月）
進食	10	10
移位	10	15
個人衛生	5	5
如廁	5	10
洗澡	0	5
平地行走	5	15
上下樓梯	0	0
穿脫衣服	5	10
大便控制	0	5
小便控制	0	5
總分	45	80

＊註：ADL 基本日常生活活動功能 (Activity of Daily Living)，以滿分為 100 分之設計，內含 10 種重要的評估，包括進食、移位、個人衛生、如廁、洗澡、平地行走、上下樓梯、穿脫衣物、大便控制及小便控制等。若是有任一項（或多項）無法自行完成，就會被認定為失能。

| 成功案例 2 |

獨立性、自主性、
參與活動意願皆提升

個案小檔案	
個　　案：鳳蝶阿嬤	
年　　齡：80 歲	
初期狀態：患有多項疾病，包括思覺失調症、脊椎移位、 　　　　　退化性關節炎、心臟肥大、高血壓。	
照護關鍵：調整照護環境；生活輔具應用	

　　鳳蝶阿嬤早年生活相當辛苦，巨大的壓力使她罹患思覺失調症，常有幻想及幻聽，個性也變得較為封閉，不與人接觸。阿嬤的家屬皆在外地工作，僅她一人獨居，因生理退化在家中跌倒好幾次，家屬在多方考量下決定將她送到機構照護。

問題 需求	在入住初期，養護中心的人員評估後發現，鳳蝶 阿嬤的問題如下：

★ **照護環境不友善**

- 床位距離廁所遙遠。

- 廁所環境濕滑。

- 照護床較高，床欄無扶手可協助她上下床。

★ **日常生活功能性（個人衛生、穿脫衣、移位、如廁、沐浴）**
不足

- 極重度依賴照服員協助床上起身及輪椅移位。

- 無法行走，僅可依賴輪椅移行。

- 重度依賴照服員協助如廁與清潔整理。

- 重度依賴照服員協助沐浴及穿脫衣物。

導入 目標 針對鳳蝶阿嬤的現況，照護人員訂定了以下幾項目標：

短期：提升生理基本照顧，進行如廁訓練，改善居住環境以及強化下肢功能。

中期：持續強化下肢肌力，進行如廁訓練，給予輔具完成生活瑣事。

長期：如廁訓練改變尿布類型，增加生活功能活動，增加人際互動。

執行 策略 為了達到導入目標，養護中心人員為鳳蝶阿嬤規畫三階段的目標策略：

短 期 目 標
- **提升生理基本照顧**
  - 增加飲水量
  - 維持基礎營養

- **改善環境**
  - 調整餐桌高度，讓長輩臨桌用餐
  - 廁所增鋪止滑墊
  - 調整床位臨近廁所

- **如廁訓練**
  - 每 2 小時提醒長輩如廁，並從旁協助

- **移位訓練**
  - 建立上下床 SOP
  - 每周 3 次 STS 運動（***註**）

- **強化下肢肌力**
  - 給予運動積分卡，由照服員日常協助及鼓勵長輩
    運動、集點
  - 抬臀運動

- **沐浴訓練**
  - 漸進式練習沐浴：前胸

---

*註：「STS 運動」為" Sit To Stand"的簡稱，是一套兼顧關節角度、肌力與肌耐力及動作神經路徑，所設計出來「由坐到站」的動作訓練模式。

中期目標

- **改善環境**
  - 將一般照護床改為多功能護理自立支援床

- **移位訓練**
  - 每周 2 次復健運動：使用步態訓練器
  - 每周 3 次 STS 運動

- **強化下肢肌力**
  - 給予運動積分卡，由照服員日常協助及鼓勵長輩運動、集點
  - 抬臀運動
  - 站坐訓練

- **如廁訓練**
  - 每 2 小時給水 300 毫升
  - 每 2 小時帶長輩如廁
  - 更改尿布類型，黏貼式尿布改為復健褲

- **沐浴訓練**
  - 給予輔具：沐浴巾、長柄刷
  - 漸進式練習沐浴：頭部及下肢

- **生活功能訓練**
  - 自行穿脫衣物，給予輔具：穿衣仙女棒（*註1）

  - 拿取用品，給予輔具：不求人取物夾

<table>
<tr>
<td>長
期
目
標</td>
<td>

● **生活功能訓練**

- 請長輩協助整理圍兜，藉由工作訓練養成規律的作息及培養良好的工作態度，增加阿嬤的人際互動，減少負性症狀，增加其自信心

- 協助製作「創齡運動會」（*註2）環保造型裝飾製作

</td>
</tr>
</table>

＊註：

1. **穿衣仙女棒**：是一種常用的工具類輔具。在穿脫衣物時彎腰、抬腳、伸手等動作，對許多長輩來說都是無法任意完成的，而穿衣仙女棒的設計，可以減少身體或肢體彎曲，藉此讓長輩完成獨立穿衣之動作。穿衣仙女棒可增加長輩們的生活獨立功能，提升其生活便利性，也可預防併發症，甚至減緩疼痛。

2. **創齡運動會**：2014 年開始於大台中國際會展中心舉辦「創齡～銀向樂活」老人福利機構運動大會，規劃了 5 類適合失能長輩的競技項目，讓坐輪椅的長輩也有同樣的競爭力與站姿長輩同台較勁，透過參與機構人員的分享，從選手選拔、訓練過程、競賽當日及後續效果的延續，都可以讓長輩的生活產生目標，重新對生命燃起希望。

執行成效 經過持續訓練，鳳蝶阿嬤獲得了良好的成效，包括：

∨ 獨立完成移位

∨ 獨立使用穿衣仙女棒完成穿脫衣物

∨ 在照服員口頭提醒之下，可使用長柄刷及沐浴巾自行完成沐浴

∨ 在照服員扶持下完成自行如廁

∨ 在照服員扶持下可行走 20 公尺

∨ 自主性增加

∨ 參與活動意願增加

ADL 表現	導入前（105 年 3 月）	導入後（106 年 9 月）
進食	10	10
移位	5	15
個人衛生	5	5
如廁	5	10
沐浴	0	0
行走	5	10
上下樓梯	0	0
穿脫衣物	0	10
大便控制	0	10
小便控制	5	10
總分	35	80

性情變得開朗活潑，
協助院內工作

個案小檔案

個　　案：	0 鴻阿公
年　　齡：	65 歲
初期狀態：	入住機構 4 年，有心臟病、攝護腺肥大及中度認知障礙等病史。
照護關鍵：	STS 運動；步行訓練

0 鴻阿公為家中長子，有兄弟姐妹，然家庭支持系統功能薄弱，因一次路倒被送至醫院，經診斷為中風，家屬無力照顧，故送往機構照料。

在入住初期，養護中心裡的跨專業人員評估後發現，O 鴻阿公的問題如下：

★ 下肢肌耐力不足

- 走動時間及次數越來越少，雙腳開始有麻木感。

★ 照顧負荷量大

- 因身材高壯，關節活動角度僅 30 度，使照顧服務員在協助其起身、移位時非常費力。

★ 社會心理需求

- 因個性較孤僻，不喜歡參與別人的話題，對很多事情皆不感興趣。

★ 日常生活功能性（穿脫衣物、沐浴、移位、行走、大小便失禁）不足

- 極重度依賴照服員協助沐浴及穿脫衣物。
- 極重度依賴照服員協助於床上更換尿布。
- 極重度依賴照服員協助協助床上起身及輪椅移位。

導入目標 針對 0 鴻阿公的現況，機構跨專業人員訂定了以下幾項目標：

短期： 提升飲水量、下肢肌耐力及步態平穩。

中期： 社工增加鼓勵、關懷頻率，提高個案參與社區活動、增加人際互動的機會。

長期： 促進功能性 (穿脫衣物、如廁、沐浴、移位、行走) 活動能力。

執行策略 為了達到上述導入目標，物理治療師為 0 鴻阿公規畫步態平穩的復健策略：

- 每周 3 次訓練直線行走 15 分鐘。
- 訓練步道由全長 5 公尺、寬 40 公分的走道，縮減為寬 30 公分。
- 在個案前方放置全身鏡，使其可觀察自我步行姿態並做調整。

**復健
策略**　在生活復健上，
　　　規劃以下策略：

飲水：每日飲水量達 1500 毫升。

如廁：建立排尿日誌，每 2 小時提醒如廁。

移位：STS 運動訓練，坐站訓練每日 50 下。

沐浴：漸進式訓練，洗頭→前胸→後背→下肢。

運動：方塊踏步、銀髮彈力帶。

社會心理需求：協助工作人員收餐盤、幫忙推輪椅等。

**執行
成效**　經過 8 個月的持續訓練，0 鴻阿公獲得了良好的
　　　成效，包括：

∨ 獨立完成移位。

∨ 全天穿著復健褲，自行如廁。（因攝護腺肥大症有漏
　尿情形，故無法脫離尿布）

∨ 關節活動角度可達 75 度，並可正常行走。

∨ 自行穿脫衣物及沐浴。

∨ 性情變得開朗活潑，主動幫忙院內工作。

ADL 表現	導入前（106 年 3 月）	導入後（106 年 11 月）
進食	10	10
移位	10	15
個人衛生	0	5
如廁	0	10
洗澡	0	5
平地行走	5	15
上下樓梯	0	0
穿脫衣服	5	10
大便控制	0	10
小便控制	0	10
總分	30	90

參與太鼓隊，
公開進行表演

個案小檔案	
個　　案：陳奶奶	
年　　齡：84 歲	
初期狀態：因中風導致右側偏癱，入住時以輪椅代步，	
生活無法自理。	
照護關鍵：物理治療；生活即復健；社會互動	

　　陳奶奶中風逾 10 年，因丈夫及子女都有工作，因此平時皆依賴外勞看護。丈夫在 2 年多前過世，奶奶為了不造成子女負擔，自願住到養護中心，剛住進來時還可以使用四腳拐步行，然而在一次軟腳後，從此坐在輪椅上依賴照服員協助，完全無法自理生活。

問題需求 在入住初期，養護中心的人員評估後發現，陳奶奶的問題如下：

★ 患側肢體肌耐力不足

- 患側（右側）無法靈活使用湯匙進食。
- 患側（右側）無法獨立穿脫衣服、褲子與鞋子。
- 生理功能受限，無法自行進出廁所。

★ 日常生活功能性（移位、個人衛生、沐浴）不足

- 極重度依賴照服員協助床上起身及輪椅移位。
- 極重度依賴照服員協助洗臉、刷牙及梳頭髮。
- 極重度依賴照服員協助全身沐浴過程。

導入目標 針對陳奶奶的現況，物理治療師訂定了以下幾項目標：

短期： 提升患側關節活動量，誘發主要大關節肌力。

中期： 強化患側肢體肌耐力。

長期： 促進功能性（進食、移位、個人衛生、如廁、沐浴、穿脫衣物）活動能力。

執行策略 為了達到上述導入目標，養護中心跨專業人員為陳奶奶規畫了三階段的復健策略：

階段一

- 雙腳夾彈力球，雙手拿取彈力球向上抬舉。
- 雙腳踩腳踏車，雙手拉彈力帶。

階段二

- 平行桿步行訓練。
- 患側右手使用圓珠垂直塔訓練關節活動度。

- 患側右腳彎膝抬舉。
- 持ㄇ型助行器練習步行。

階段三

- 平躺，患側右腳向床外放，再抬舉上床。
- 平躺，右手抬舉啞鈴，右腳置放 wedge 拉筋板

- 使用單拐練習步行。

- 每日在照服員看顧下，練習上下床。
- 沐浴時，從前胸、頭部、下肢、後背漸進式訓練，並自行穿脫衣物。
- 早中晚 3 餐，自行用餐。
- 3 餐飯後，自行刷牙。

執行成效 經過 8 個月的持續訓練，陳奶奶獲得了良好的成效，包括：

∨ 獨立完成用餐。

∨ 獨立完成移位。

∨ 獨立自行如廁及執行個人衛生。

∨ 使用長柄刷及沐浴巾完成沐浴，並自行穿脫衣服。

∨ 獨立使用四腳拐於平地行走。

∨ 參與太鼓隊，並到台中高鐵站及老人運動會會場進行表演。

ADL 表現	導入前（106 年 3 月）	導入後（106 年 11 月）
進食	5	10
移位	0	15
個人衛生	0	5
如廁	5	10
洗澡	0	5
平地行走	0	15
上下樓梯	0	0
穿脫衣服	5	10
大便控制	5	5
小便控制	0	0
總分	20	75

| 成功案例 5 |

返家與兄長姊姊再相聚

<table>
<tr><td colspan="2" align="center">個案小檔案</td></tr>
<tr><td>個　　案：</td><td>茂爺爺</td></tr>
<tr><td>年　　齡：</td><td>80 歲</td></tr>
<tr><td>初期狀態：</td><td>中風（左側肢體偏癱）、下肢乏力，留置鼻胃管，
生活無法自理。個性內向文靜，鮮少與人互動。</td></tr>
<tr><td>照護關鍵：</td><td>不臥床；吞嚥訓練，由口進食</td></tr>
</table>

　　茂爺爺年輕時並沒有結婚，膝下無子女奉養，原有 7 位兄弟姊妹，因年事已高各自凋零，親人僅剩一位姊姊和一位哥哥，茂爺爺一人獨居，中風後左側偏癱，生活上難以自理，2008 年公費安置入住養護中心。

問題
需求
在入住初期，養護中心的人員評估後發現，茂爺
爺的問題如下：

★ 長期臥床，鼻胃管餵食，且流涎嚴重

- 無法獨坐於輪椅上。
- 無法由口進食，皆依賴鼻胃管。

★ 功能性（個人衛生、穿脫衣、移位、如廁、沐浴）活動不足

- 極重度依賴照服員床上起身及輪椅移位。
- 極重度依賴照服員完全協助個人衛生。
- 極重度依賴照服員如廁與清潔整理。

導入
目標 針對茂爺爺的現況，
照護人員訂定了以下幾項目標：

短期： 改善因長期臥床所導致的身體功能退化，協助安
排復健活動。

中期： 開始嘗試讓他由口進食及攝取水分，及安排生活
功能的訓練。

長期： 移除鼻胃管，讓他坐在椅子上臨桌用餐，由口進
食，進行生活功能訓練。

| 執行策略 | 為了達到導入目標，養護中心人員為茂爺爺規畫以下目標策略： |

短期目標	
	由口進食訓練
	- 吞嚥訓練，改善流涎。
	每日 3 次下床活動
	移位訓練
	- 每周 2 次復健運動：健側帶患側抬舉。
	- 每周 3 次 STS 運動。
	如廁訓練
	- 協助使用尿壺如廁，一天 2 次。
	沐浴訓練
	- 每周 3 次，漸進式訓練，從前胸開始。

中期目標	
	由口進食訓練
	- 吞嚥訓練，改善流涎。
	- 自行由口進食攪食。
	- 每日協助由口攝取水分（加快凝寶）50 至 100 毫升。
	- 調整桌椅高度，讓長輩坐輪椅臨桌用餐。

中期目標

- **移位訓練**
  - 每周 2 次復健運動：健側帶患側抬舉。
  - 每周 3 次 STS 運動。
  - 加強正確坐姿訓練，維持身體平衡（提醒長輩隨時調整坐姿）。

- **如廁訓練**
  - 每 2 小時給水 300 毫升。
  - 每 2 小時帶長輩如廁。
  - 更改尿布類型，將黏貼式尿布改為復健褲。

- **沐浴訓練**
  - 每周 3 次，漸進式訓練：洗頭。
  - 給予輔具：沐浴巾、長柄刷。

長期目標

- **由口進食訓練**
  - 移除鼻胃管，更改餐食型態，長輩自行由口進食剪碎餐（*註）和白飯
  - 每日協助攝取水分 1000 至 1500 毫升。
  - 調整桌椅高度，讓長輩坐在椅子上臨桌用餐。

- **移位訓練**
  - 每周 2 次復健運動：健側帶患側抬舉。
  - 每周 3 次 STS 運動。

<table>
<tr><td rowspan="3">中期目標</td><td>

● **站立及平衡訓練**

- 身體往前超過膝蓋，雙腳伸直站起，照服員協助扶住患側，讓臀部左右搖擺，練習左右承重，一天 2 次。

● **如廁訓練**

- 每 2 小時給水 300 毫升，帶長輩如廁。
- 更改尿布類型，將復健褲更換為內褲加墊片。

● **沐浴訓練**

- 每周 3 次，漸進式訓練：使用長柄刷清洗下肢部位。

</td></tr>
</table>

---

*註：

餐食依照質地，可分成：

- **正常餐食：** 沒有任何限制。
- **細軟餐食：** 適合咀嚼功能較差，缺牙、植牙、牙齒治療或矯正者，身體虛弱者。
- **剪碎餐食：** 適合牙齒有咀嚼能力，但稍大塊的食物會很費力。
- **細碎餐食：** 適合牙齒稍有咀嚼能力，但進食費力，每口食物要咬很久。
- **菜打糊：** 適合無牙或因其他因素無法用牙齒咀嚼者，可利用牙齦稍微咀嚼形成食糰者。
- **糊狀餐食：** 不須咀嚼，適合同時進食液體和固體食物會嗆咳者。

執行成效 經過持續訓練 9 個月，茂爺爺獲得了良好的成效，包括：

∨ 獨立完成用餐

∨ 獨立完成個人衛生

∨ 在工作人員扶持下可完成移位

∨ 可表達尿意感，白天著內褲加小可愛

∨ 使用長柄刷自行洗頭、前胸及下肢，及完成 1/2 的穿脫衣服能力

∨ 返家探望兄長及姊姊，親人再相聚

ADL 表現	導入前（106 年 2 月）	導入後（106 年 11 月）
進食	0	5
穿脫衣服	0	5
上廁所	0	0
洗澡	0	0
床椅間的移位	0	10
行走平地	0	0
上下樓梯	0	0
個人衛生	0	5
大便控制	0	0
小便控制	0	5
總分	0	30

國家圖書館出版品預行編目 (CIP) 資料

(圖解) 生活自立支援照護指南 / 葉建鑫 , 賴
暖婷 , 賴俞綺合著 . -- 增訂一版 . -- 臺北市 :
原水文化出版 : 英屬蓋曼群島商家庭傳媒股
份有限公司城邦分公司發行 , 2022.12
　面 ;　公分 . -- (Dr.Me 健康系列 ; 160X)
ISBN 978-626-95643-6-1(平裝)

1.CST: 老人養護 2.CST: 健康照護

544.85　　　　　　　　　　　　111000408

Dr. Me 健康系列 160X

生活自立支援
照護指南［增訂版］

總 策 畫／趙明明
作　　者／葉建鑫・賴暖婷・賴俞綺
企畫選書／林小鈴
主　　編／潘玉女

行銷經理／王維君
行銷經理／羅越華
總 編 輯／林小鈴
發 行 人／何飛鵬
出　　版／原水文化
　　　　　台北市民生東路二段 141 號 8 樓
　　　　　電話：（02）2500-7008　　傳真：（02）2502-7676
　　　　　E-mail：H2O@cite.com.tw 部落格：http://citeh2o.pixnet.net/blog/
發　　行／英屬蓋曼群島商家庭傳媒股份有限公司城邦分公司
　　　　　台北市中山區民生東路二段 141 號 11 樓
　　　　　書虫客服服務專線：02-25007718；25007719
　　　　　24 小時傳真專線：02-25001990；25001991
　　　　　服務時間：週一至週五上午 09:30 ～ 12:00；下午 13:30 ～ 17:00
　　　　　讀者服務信箱：service@readingclub.com.tw
劃撥帳號／19863813；戶名：書虫股份有限公司
香港發行／城邦（香港）出版集團有限公司
　　　　　香港灣仔駱克道 193 號東超商業中心 1 樓
　　　　　電話：(852)2508-6231　　傳真：(852)2578-9337
　　　　　電郵：hkcite@biznetvigator.com
馬新發行／城邦（馬新）出版集團
　　　　　41, Jalan Radin Anum, Bandar Baru Sri Petaling,
　　　　　57000 Kuala Lumpur, Malaysia.
　　　　　電話：(603) 90563833　　傳真：(603) 90576622
　　　　　電郵：service@cite.my

美術設計／劉麗雪
內頁繪圖／黃建中・柯天惠
製版印刷／卡樂彩色製版印刷有限公司
增訂一版／2022 年 12 月 20 日
定　　價／450 元
I S B N／978-626-95643-6-1

城邦讀書花園
www.cite.com.tw

本書部分產品照片出處：P.120, 121, 126 右下圖, 136 中／右圖, 141, 186 左圖取自《失能安全照護全書》；P.126 右上圖, P.186 右圖取自《圖解銀髮寶貝健康照護全書》；P.126 左上圖, 198, 199 取自《圖解居家長期照護全書》。